从一无所知开始

张一博 著

一个企业主创业20年的感悟

企业管理出版社
ENTERPRISE MANAGEMENT PUBLISHING HOUSE

图书在版编目（CIP）数据

从一无所知开始：一个企业主创业20年的感悟 / 张一博著. —北京：企业管理出版社，2021.11
ISBN 978-7-5164-2513-8

Ⅰ.①从… Ⅱ.①张… Ⅲ.①企业管理 Ⅳ.①F272

中国版本图书馆CIP数据核字（2021）第224875号

书　　名：	从一无所知开始：一个企业主创业20年的感悟
作　　者：	张一博
责任编辑：	张　羿
书　　号：	ISBN 978-7-5164-2513-8
出版发行：	企业管理出版社
地　　址：	北京市海淀区紫竹院南路17号　邮编：100048
网　　址：	http://www.emph.cn
电　　话：	编辑部（010）68701891　发行部（010）68701816
电子信箱：	emph003@sina.com
印　　刷：	河北宝昌佳彩印刷有限公司
经　　销：	新华书店
规　　格：	710毫米×1000毫米　16开本　14.5印张　180千字
版　　次：	2021年11月第1版　2021年11月第1次印刷
定　　价：	60.00元

版权所有　翻印必究·印装错误　负责调换

真正能说服你的人，只有你自己。

——米尔顿·弗里德曼
（美国经济学家，1976年诺贝尔经济学奖得主）

自序

我为什么开始写作

在创业10年以后,我在和一些企业主交流的时候,他们对我在管理上的很多观点非常感兴趣,就劝我把自己的经历和感悟写出来。但真要坐在书桌旁开始正儿八经地写作时,我突然发现很难进行下去,有点勉为其难,写出来的东西也不是自己满意的。所以,我就暂时搁置了下来。

又过了几年,一个朋友告诉我,可以用微信公众号来创作,并且随时随地都能进行。于是,我又重新开始了写作生涯,这样的方式确实很好,即使出差在外,无论是在高铁上还是在机场候机厅,想到什么都可以马上记下来,非常便捷。

20多年来,我一直在经营企业,同时也投资股票,业余时间大多是在学习,主要学习企业管理知识、股票投资知识,看了很多书,也经历了诸多实践,沉淀了不少感悟,创作灵感不断地涌现出来,就形成了这些文章。

很多人曾经问我:你的写作目的是什么?其实,在我看来,所谓写作目的有三个层次。

第一，我写作首先是为了自己，通过吸收、消化和输出观点，让自己对一些管理思想有更深刻的理解。这些文章都是我结合管理学理论和亲身经历的企业实践，最终领悟出来的思想结晶。通过写作，把这些感悟沉淀下来，我发现自己对企业管理的认识，得到了进一步的加深。

第二，我希望通过分享这些文章，能够帮助到那些和我一样的中小企业主。我原来是工程师，后来转变为企业主，在这个转型过程中，我踩过很多坑，遭遇了相当多的挫折。我发现，其实企业管理过程中遇到的很多挫折，除了缺乏经验以外，主要是由于企业主自身的思想观念出了问题。说得犀利点，就是因为彼时的我们"太傻太天真"。所以，我必须把这些亲历的挫折、教训和反思都写出来，以引起辛苦打拼的广大企业家朋友们的重视，实实在在地帮助大家，少受一些挫折。

第三，我见过很多管理者，都声称自己在管理方面很在行，但是当你问起他们是否学习过那些管理大师的著作，他们就哑口无言了。其实，我们会发现，很多管理者都是"经验管理"，而不是"科学管理"。"经验管理"固然有其价值，但与"科学管理"相比，还是存在很大差距。所以，我希望能结合自己的亲身经历，向大家分享我对管理学思想的看法。通过我自己的经历，告诉那些在创业路上的人，学习"科学管理"是非常有必要的。

在我国的改革开放大潮中，很多中小企业主往往都是从打工者转变过来的。一开始，他们可能是工程师、生产经理、销售代表、质量管理员、外贸专员、会计，甚至司机、技术工人。而一旦时机成熟时，他们就果断地开始了创业，这份勇气和毅力，让人敬佩。但是，他们不得不经历从"打工仔"转型成为"企业家"的阵痛，在这个过程里，常常伴随着挫折或血泪，甚至还会遭受彻底的失败。对此，我感同身受。

既然创业的风险这么大，难道没有什么避免的方法吗？其实是有的，就是学习！学习先进的管理理念，并且要终身学习。那么，如何学习呢？我的建议就是首先学习市场经济的相关科学知识，建立正确的思维框架；其次学习以德鲁克管理思想为代表的现代管理学体系，并且结合自身的企业管理实践，加深对现代企业管理的理解。

与其说这本书是我的经验之谈，倒不如说是我自己在管理上的检讨书，我要检讨过去因为错误认知而造成的困难，也要反思我们中小企业主身上存在的问题。我相信，通过不断的学习、校正、反思、总结，我们一定能少受一些挫折。

当然，由于我本人是理工科出身，也是从一个工程师开始创业的，所以书中所述都是我的一家之言，问题在所难免。但是，我始终抱着真诚的初心，希望中小企业主们在任何时候都不要忽视知识的力量，要不断地学习科学的管理知识，提高自己的管理能力。

张一博

2021年9月

目 录

第一部分　论认知：揭开市场经济的迷雾 / 001

原　理 / 002

对市场经济的理解 / 003

鹦鹉学舌（1）/ 006

鹦鹉学舌（2）/ 007

如何经营企业 / 008

谈创新 / 010

订　单 / 012

家族企业 / 013

搬运工 / 015

错误的道路 / 017

解读哈耶克思想 / 018

弗里德曼的《自由选择》/ 020

学习德鲁克 / 022

沃尔玛启示录 / 026

自由和平等 / 028

商业的本质 / 030

不是克制的事 / 031

投资，还是创业 / 033

大江大河 / 034

沼泽地 / 036

走正路 / 038

终身学习 / 039

第二部分　论方法：管理就是回归常识 / 041

学习的目的是什么 / 042

理念的力量 / 044

表　哥 / 047

沙　发 / 049

兄弟情谊 / 051

"绑架"老板 / 052

骄　傲 / 054

樱桃红了 / 056

管理的重点 / 058

劝说是苍白的 / 059

充　电 / 060

当老板容易吗 / 062

磨刀霍霍 / 063

学会"细抠" / 065

月饼的故事 / 069

丈母娘 / 071

父　亲 / 072

管理心得 / 074

行万里路　076

得道多助 / 078

安全意识 / 080

免费是最贵的 / 081

温　柔 / 083

防护眼镜 / 084

木乃伊 / 085

电动车 / 086

诺亚方舟 / 087

内　耗 / 089

德鲁克说 / 091

全季酒店 / 092

沟通的有效性 / 095

头等舱 / 096

诸葛亮 / 098

谈谈智商 / 100

姑　姑 / 102

陈世美 / 103

朋　友 / 105

女同学 / 106

年羹尧 / 108

第三部分　论人才：寻找"嗜血"的勇者 / 111

大白鲨 / 112

关于人才 / 115

谈谈认知 / 119

不变的人性 / 120

聪明人和笨人 / 121

亲朋好友 / 123

当个工人吧 / 124

认清自己 / 126

因噎废食 / 127

小目标有错吗 / 130

老好人 / 131

各安其位 / 133

名　字 / 135

管理者的认知问题 / 136

恶　龙 / 139

心术不正 / 142

50 岁，我才知道 / 144

徐大拿和刘大拿 / 146

断崖式差异 / 148

2% / 149

过年送礼 / 151

你压抑吗 / 152

解读工匠精神 / 154

和员工谈谈心 / 155

和求职者谈谈心 / 156

再次和求职者谈谈心 / 158

有理想，才有现实 / 160

钢和铁 / 162

面　试 / 163

三板斧 / 164

放　下 / 166

关于招聘 CEO / 169

如何成为有钱人 / 171

我的老师 / 173

车间主任 / 175

雍正王朝 / 176

第四部分　论文化：竞争才是世界的真相 / 179

为什么 / 180

金字塔 / 184

如何闯世界 / 185

心软的代价 / 187

刀刀刀 / 190

人的黏性 / 191

交朋友 / 193

气　味 / 195

管理需要勇气 / 197

坚如磐石 / 198

子不语 / 200

乌合之众 / 201

他　们 / 203

谈谈阿斗问题 / 207

狮　子 / 208

看电影，学管理 / 210

独家访谈：20年来的创业历程 / 213

第一部分

论认知：揭开市场经济的迷雾

原　理

最近半年来，我见了很多创业者，发现一个很要命的问题，就是他们喜欢对政策津津乐道，对市场却摸不着头脑。看着这些踏上创业路的老板们，我有点替他们担心：这样的认知能力，真的适合创业吗？

刚刚，我看到朱海就教授的一句话，立刻豁然开朗。朱教授说："对经济学原理的认识是一个社会走向持续繁荣的前提条件。"看到这句话的时候，我感到非常震撼。朱教授说得太深刻了。当那些负有领导责任的人不能正确理解经济学原理的时候，我们的企业甚至社会就会在泥泞中挣扎，很难获得成功。

所谓经济学原理，其实就是那些正确论述市场经济的学者所总结的道理，比如亚当·斯密、米塞斯、哈耶克、弗里德曼、张五常，等等。自由竞争的市场经济理论，有时是排斥政策的大包大揽或者干预的。一个企业家的投资决策，必须按照市场经济规律来做。而现在，有一些企业管理者仍然漠视市场经济原理，漠视常识。别人都在大步前进，我们却在作茧自缚、故步自封，于是我们就落后了。首先是思想上落后，我们亲手用绳子捆住了自己的双脚，嘴里却在大声疾呼：创新、先进、想象力……

既然我们要创业，要积极参与市场经济和自由竞争，就要好好理解市场经济的原理。朱教授说，对于经济学原理的认识是一个社会走向持续繁荣的前提条件，那么，对一个企业来说又何尝不是呢？当我们的认知还处在很低下的状态里，我们所渴望的一切，不过都是妄想罢了。

对市场经济的理解

很多人非常熟悉"市场经济"这个名词，但是我相信多数人对市场经济还是有误解，并不知道市场经济真正的巨大价值。下面，我就通过几位西方经济学家的理论，来谈谈我所理解的市场经济。

一、亚当·斯密

亚当·斯密在1776年出版了著名的《国富论》，开创了古典经济学。他主要的理论就是"看不见的手"，主要观点就是经济的运转是由"看不见的手"，也就是市场来主导的。

这个概念，即使到了今天，对我们多数人来说，都是很难理解的。我们总是习惯性地把经济的发展看成是政府的责任，而不相信经济的发展是依靠市场机制来完成的。其实政府部门的作用，仅是保证市场机制正常运行而已。这个理论，也是亚当·斯密根据市场运转的长期趋势总结出来的。

二、哈耶克

哈耶克对于市场理论的捍卫，就在于他对市场经济的理解。他是通过分析、批判计划经济的方式，来捍卫市场经济的。他有一个观点是，计划经济之所以失败，就在于计划者没有足够的信息作为决策的依据，导致计划者的计划错误。而市场经济的可行性在于，市场的每个参与者都是根据价格信息的传递因素，来解决市场决策这个问题。

例如，养猪专业户会根据市场价格，来决定自己该养殖多少头猪；种菜的农民会根据当前的市场情况，来决定该种植什么蔬菜，并且应该种植多少蔬菜。也就是说，市场经济的决策权是由参与市场的每个个体自己决定的，而不是由那些计划者来决定的。

与此同时，哈耶克还批评了平均主义、集体主义等思想的错误。在他那个时代，就高屋建瓴地分析了高福利制度的错误，认为这是反市场的。哈耶克还批判了凯恩斯主义经济学思想，认为其降低了市场的作用，夸大了政府的地位。当然，经过实践的检验，证明凯恩斯主义确实是存在一些不足的。

三、弗里德曼

众所周知，弗里德曼对市场经济的分析，是以一支铅笔为例的。

生产一支铅笔，需要成千上万人的合作，这些人还分布在世界各地，说着不同的语言，甚至因为宗教信仰的不同而互相敌视，但是他们都参与到了制造一支铅笔的过程中——这就是市场的作用。每个人都在追求自己的利益，由此，一支铅笔就生产出来了。也就是说，利己比刻意的利他可以更有效地利他，这个理论即为市场经济的核心问题。每个人都努力追求自己的利益，于是经济就蓬勃发展起来了，社会和国家也迅速发展起来了。在现实生活中，我们能看到这个理论不断地得到验证。

弗里德曼还有另外一个理论，就是自由选择。我们之所以重视产品质量，就是因为顾客有自由选择的权利。比如我们经营一家饭店，之所以会重视饭店的用餐环境，重视饭菜的质量、饭菜的味道，就是因为顾客有自由选择的权利，有用脚投票的权利，我们的饭店如果存在任何一个不足之处，都会导致顾客转而选择竞争对手的饭店。再比如我们开办一家工厂，如果提供的工资低、工作环境脏乱差、食堂的饭菜差，就会导致工人离职，这也是在于他们有自由选择的权利。当然，反过来说，如果员工工作不认真，或者工作没有效果，公司也会辞退他们——企业也有自由选择的权利。

简要介绍完了这三位西方经济学家的理论，我们可以发现：对市场经济的不同认知，会决定我们每个人做出不同的选择。

多数人在这个方面有认知偏差，不过，我们也不必悲观，要看到积极因素，这个市场还有太多的套利机会。

张维迎教授最近几年提出一个新理论，他认为在中国经济中套利的机会越来越少，企业界必须要去创新。这个观点乍听起来感觉非常有道理，但是，我们再仔细想想，这个观点也有一定的局限性。既然市场上这么多人都存在认知问题，不能正确地理解市场经济，那么说明套利的机会还是非常多的。同时，真正的创新又是很有难度的。既然可以非常容易地套利，为什么要去艰难地创新呢？市场经济规律就决定了套利优于创新。只有当套利空间没有了，创新才会成为多数人的选择。

对我们个人来说，我们为什么要努力工作？这是因为老板有自由选择的权利。企业的产品为什么追求质优价廉？这是因为用户也有自由选择的权利。我们只有理解了市场经济的本质，工作和生活才会有目标，才能不困惑。原来读书的时候刻苦努力是为了自己，工作的时候认真努力也是为了自己；我们从事管理工作，排除万难、努力经营，是为了自己，不断打磨产品、精益求精，也是为了我们自己。这就是市场经济，或者说是自由竞争的市场经济。

我相信这个分析可以帮助很多人解决思想上的困惑。当我们做一件事的时候，只有理解了"到底为什么要做它"这一思想问题，人生才会有目标，我们的内心才会坚定而强大。

鹦鹉学舌（1）

我最近几个月一直都在学习哈耶克的作品，所以在此也要鹦鹉学舌一番，谈谈对于哈耶克理论的认识，希望对大家有所启发。

哈耶克对于完全自由市场经济的推崇，这是在非常清晰地传达一种先进的理念。市场经济是人类迄今为止所能发现的最有效率且较为理想的一种资源配置体制。时间证明了哈耶克的理论是非常正确的。

哈耶克先生说：第一，计划经济会限制个人自由，摧毁人们的责任观和社会的道德基础。这说的就是计划经济对于个人的影响，是有害无益的、是错误的。第二，计划经济会阻碍财富的生产，造成社会贫困。这说的是计划经济对于社会经济的影响，会带来严重的后果。第三，计划经济会导致极权主义政府的兴起。这说的是计划经济对于政治的影响，同样会带来严重的后果。

由此，哈耶克得出一个结论，就是计划经济必定会在政治上走向一条"通往奴役之路"。经济上的不自由，也必然带来政治上的闭塞局面。

哈耶克提出这个观念，是在20世纪40年代，当时多数哲学家、经济学家和政治家们都对自由市场经济产生了怀疑，转而对计划经济抱有太多幻想和憧憬。恰恰在这个时候，他提出了这些振聋发聩、无比清晰的理念，提出要回归古典自由主义。在此后的几十年，哈耶克的理论被证明了是正确的，这也是他获得1974年诺贝尔经济学奖的原因。

对此，我个人的理解是，在经济层面，到目前为止自由市场经济体制相对来说是切实可行的，不像其他一些模式，给人的印象可能只是"看起来很美"。

鹦鹉学舌（2）

还是来谈谈哈耶克的观点。

哈耶克认为，经济自由与政治自由密切相关，而且前者构成了后者的基础和条件，用马克思主义的理论来说，就是经济基础决定上层建筑。同时，哈耶克还认为，私有财产制度是经济自由最重要的保障，没有保护私有财产的正式法律制度，就没有经济自由。

哈耶克通过研究经济理论，逐步转向政治哲学，这也是思想发展的必然，因为现实无法割裂经济和政治。就比如说，在计划社会中，所有的经济问题都是政治问题，计划社会的低效，是需要由占据金字塔底端的多数人来买单的。

哈耶克的理论看起来有点抽象，让人困惑不解，其实是非常有道理的。因为西方世界的兴起就是建立在尊重私有财产的基础上的，就是让每个人为了自己去努力，而不是为了一个共同的集体目标而努力。这一点和我们熟悉的平均主义完全不同。巴菲特说：西方国家的繁荣，在于它们有一套行之有效的彻底挖掘出人的潜力的系统。而这套系统正是建立在财产私有制的基础上，人们为了自己的发展而去努力。

有鉴于此，在从事企业管理的过程中，我们首先要考虑清楚企业的决策是否能够让员工赚到钱、让员工利益最大化。离开了这一点，说别的都没用。

如何经营企业

最近看了陈春花教授关于管理学方面的书，很有借鉴意义。当然，我也看到网上有一些批评陈教授的话，但我还是持以前那个观点：怀疑一切，倡导独立思考。我非常感激这个时代，让我有一个企业，我可以实践我学习过的管理思想，做到知行合一。

陈教授说：企业越来越重视在企业内部引入市场的力量，把企业做成市场。对这句话，很多人可能一时半会摸不着头脑，不过，凡是经营过企业的人，都能够理解这句话的含义。

市场经济运行靠的是什么？靠竞争机制，这是市场自发产生的规律。陈教授的这个观点，说的也是这回事。企业内部运行依靠什么机制，或者说依靠什么游戏规则？其实还是要依靠竞争规则。好的企业会通过竞争机制来分配权力和财富，让那些竞争力强的人从事重要的管理工作，让那些缺少管理能力的人从事被管理的工作。另外，企业还会让那些没有竞争能力，又不愿意服从管理的员工离开公司。好的企业进行利益分配的时候，会按照竞争的原则来进行，那些竞争力强的人会得到更多的利益，比如加薪、大笔的奖金、大笔的提成，甚至股权激励等。

但可笑的是，也有一些企业主思想落伍，他们在分配权力的时候，首先考虑的都是自己的亲朋好友，照顾自己的七大姑八大姨，还有那些溜须拍马之徒。这种排斥竞争原则的行为，其实是非市场的行为，是极端错误的。这些人都在认真地对抗市场、对抗客观规律，那么，市场只会送给他们一个结果：被淘汰！

经营企业，就是要在企业内部管理上引入市场机制，把企业做成市场。当然，在企业外部，我们更要深刻理解市场经济的规律，倾听用户的声音，为用户创造实实在在的价值。

谈创新

前些日子，我和朋友们一起吃饭，其中一个朋友问我：为什么不在技术方面努力，像马斯克那样去做科技创新呢？

这个朋友和我一样，都是学理工科出身，总是凭借自己的学习经历去考虑问题。那么，我就来分析一下，这样的想法究竟有没有问题。

我们都知道，近几年来，社会上有很多人都在讨论科技创新的问题，但人们往往忽视了技术创新的难度。他们看到的仅仅是马斯克等人在科技创新的路上越走越远，简直就是"一骑绝尘"，可是并没有真正认识到我们的现实条件。

接下来，我就从两个方面来分析一下科技创新的"局限性"。

第一，科技创新并不是第一选择。

我们一直都在倡导创新，但其实大多数人既不懂什么是创新，也根本不具备创新的能力。

创新有两个方向：一种是科技创新，目前马斯克做的事情都是朝着这个方向；另外一种是模式创新，比如美国的脸书、谷歌、推特、亚马逊等。

目前我国市场上做的基本都是模式创新，早一点的是BAT（B指百度、A指阿里巴巴、T指腾讯），近一些的就是TMD（T指今日头条、M指美团、D指滴滴）。模式创新与科技创新相比难度较小，并且扩展性非常好。我们做事的习惯，通常是先做容易的事，创新的时候也一样，同样会优先选择模式创新。当然，那些非常"自负"的人，比如马斯克，他们的天才般的想法，是我们不敢去揣测的。

第二，科技创新任何时候都不要轻视，但是要从实际出发。

在我国投资界有一个非常知名的牛人，就是红杉资本的沈南鹏。他在国内时曾是一个数学高手，但是，当他去美国留学，看到美国数学高手的水平时，他才知道了自己的差距。曾经在国内傲视群雄的数学天赋，和那些美国同学相比就黯然失色了。于是，他马上开始转行去学金融、做投资。这是一个真实的故事，在他的传记里有详细介绍。

科技创新往往和数理化有着密切的关系，而在数理化方面，我们是没有什么优势的。或者说，在科技创新方面，对于我们来说也是非常有难度的。这也就是华为公司要花大力气去俄罗斯招聘数理化人才的主要原因。我们要认清这个现实。

那么，我们该怎么办？我认为，在创新方面，首先还是要重视模式创新。目前，我国有很多公司在这方面做得不错。其次，我们也不要放弃，还是要继续从事科技创新，但是不能过于乐观。我们要学习华为公司，聘请那些数理化能力高超的"外援"，借力去发展科技创新。当然，最关键的，我们还是要创造一个好的环境，给予那些理工科人才最好的物质条件。这样一来，全社会都会重视理工科人才，我们的科技创新才有希望。

订　单

经营一个企业，确实很不容易，事无巨细都要管。但即便这样，还是经常出问题，所以很多经营企业的老板都会有轻重不一的心脏问题，就是因为这种生活方式太压抑了。

经营企业经常会面临的一个棘手问题，就是解雇不合格的员工。

想想那些被迫离开的员工，我发现了一个共同的问题：假如他们能够每年给公司带来500万元的订单，公司基本就不会解雇他们。可惜的是他们办不到，很多人因为能力不足而被迫退出。还有一些人，不但无法给公司带来订单，而且不认真工作，那么最后的结果自然是被淘汰出局。当然每个人的能力是不一样的，这很正常，我常常劝说那些能力不强的人，要去践行工匠精神，把简单的工作做好了也是可以的。可惜能够理解这么简单的道理的人并不多，多数人还是习惯于自欺欺人。企业老板的想法是：投入1元钱的成本，员工要为自己带来10元钱的收益。而多数员工的想法是：出1元钱的力，要赚取10元钱的收入。两者的距离相差100倍，于是分歧越来越大，最终导致分道扬镳。

一个好的企业，就是要以结果为导向，倡导竞争规则，企业内部通过公平公正的竞争来分配利益。而那些存在着结构性问题的组织，往往都是任人唯亲、拉帮结派，这样的组织其实就是一种脱离实际的"怪胎"，是在时时刻刻地破坏公平。哈耶克倡导的完全自由市场理论，也着重强调了竞争对于市场的巨大作用。我的理解是，对于企业内部管理来说，竞争机制可以淘汰掉那些笨人，或者是那些不但笨，还不愿意认真对待工作的人。

经营企业经常会面临订单不足的问题，导致设备闲置，成本激增。而订单在哪里呢？大家都束手无策。这个时候才发现：那些原本承诺为公司带来订单的人，有很多已经离开了公司。解雇员工，对于我们企业主来说，是一件很困难的事情，很多时候其实也是迫不得已。但是我研究了一下，发现那些被解雇的人，往往是领取高薪的人，但他们并没有能力为企业带来订单，只是擅长享用公司食堂精心制作的美食而已。一个好的企业，是人才的天堂，他们会在企业里实现自己的梦想，体现自己的价值，同时帮助企业发展起来。而对于那些没有能力，又不践行工匠精神的人来说，他们在这里的命运只能是被抛弃。像这种既不能带来订单，却从企业带走了高额工资的人，其实公司雇佣他们是非常不合算的，这样的人除了会装模作样地工作之外，毫无建树。

经营低端制造业，还是要以销售为主，要重视订单。而真正的人才，是应该能给公司带来订单的。

家族企业

最近几年，你一定听说过一个频繁出现的名词：结构性改革。不过，究竟什么是结构性改革，多数人可能都难以理解。

在我看来，之所以提倡结构性改革，是因为出现了结构性的不合理，违背了客观规律。以目前中国的多数家族企业为例，有很多创始人都 70 多岁了，还在勉为其难地经营着企业，而企业中的管理人员又都是自己的子女或亲戚朋友，总之就是任人唯亲。这些人往往能力平平，导致企业管理水平低下，经营效率很低。

这种家族企业就是一种比较原始的企业管理方式，存在着结构性的问题。而要进行结构性改革，就需要打破这种家族式的落后管理方式，大胆招聘外来人才，采用股权激励机制，让人才能够分享企业的利益，最终让企业和人才形成一种合理的合作机制。这样的改革就是结构性改革。

改革开放的政策非常好，对农村来说，就是实行了家庭联产承包责任制，把集体的土地分给每个农民家庭，这样就大大调动了广大农民的积极性，带来的效果就是粮食产量增长势头强劲，农民彻底解决了吃饭问题。对农村来说，这样的改革也是一种结构式的改革，农村由"大锅饭"模式改为"分田到户"模式。这是一种巨大的飞跃，带来了翻天覆地的变化。

所以，我理解的结构性改革，是一种根本方向上的改革，是 180 度翻转的改革，而不是小修小补的改革。

对私营企业来说，很多企业之所以发展缓慢，一个主要原因就是企业主不愿意和人才分享利润，而人才看不到希望，每天都在混日子。企业主和企业人才形成了对抗和博弈，最终导致两败俱伤。这种不好的管理模式背后，潜藏的就是一种结构性的危机，而解决的办法就是进行结构性改革：把自己最宝贵的资源——股权拿出来，进行股权激励，让那些能创新、有本事的人才成为公司的合伙人，这样的改变才是一种结构性改革。

社会在不断发展，人民群众有了更高的物质文化需求，而我们很多团体的管理方式还是原始的、落伍的，这些都需要进行结构性改革。

谁理解了这一点，谁就领先了别人一步。

搬运工

最近看了张维迎教授的一个访谈节目，感觉不错。于是，我就当一次搬运工，把他的观点搬运过来，并加上我自己的理解，分享给大家。其实，张维迎教授也是一个很好的搬运工，他搬运的都是西方学者的观点，只不过是用自己的话进行了解读。

张维迎教授在节目里讲的是他的著作《市场的逻辑》，他认为，如果你想幸福，只有一个办法，那就是让别人幸福。这个观点和弗里德曼的观点非常类似。比如弗里德曼就认为，自由不仅仅是目的，同时也是手段，就是要用自由的手段去实现自由这个目的，或者说通过让别人实现自由的方式，来实现自己的自由。

当然，在现实中的市场上，有些人却不是这样想的，他们往往喜欢通过坑害别人，来实现自己的目的，尽管他们也能偶然成就一番事业。

例如，每当我看到那些乱七八糟的饭店时，都感到非常疑惑：饭店的经营者究竟是怎么想的呢？他们的饭店环境非常糟糕，饭菜味道非常差劲，还不讲卫生，难道经营饭店的目的，就只是赚一时的快钱吗？

在我的家乡胶州，我经常去一家饭店，个人感觉非常不错。在胶州当地，早餐非常有特色，就是喝羊肉汤、吃千层饼，同时还有很多种类的免费凉拌菜，这是当地早餐的主流。当然，绝大多数的羊肉汤饭店都是一个样，饭店内的环境往往都很差，凉拌菜看起来脏乎乎的，很多时候千层饼的颜色也是黑乎乎的，似乎好久没有换油了，羊肉里面也会掺杂很多肥肉。总之，他们是不会考虑消费者利益的。但是，我去的这家外地人开的羊肉汤饭店非常另类，不仅饭店环境干净整洁，羊肉也货真价实，凉拌菜虽然种类比同行少一些，但是非常干净。这家饭店处处标新立异，和当地的其他同行都很不一样。于是，这家饭店受到广大顾客的认同，很多人都开车横跨整个胶州城区，来到这里吃饭。

这家饭店的老板是真正懂管理的，他明白要把饭店经营好，就要依靠质量——最好的环境、最好的饭菜，这样才能实现自己的目标。他是我们学习的榜样。而且我们还要认识到一个现实，那些不诚实、不诚信的人，他们的成就往往不具有可持续性。当他们和那些以客户为中心的人竞争时，就会发现自己毫无获胜的机会。因此，我们要提高管理水平，除了学习经典，还可以从社会上的那些成功人士那里汲取养分。古人说："读万卷书，行万里路"，确实很有道理。

错误的道路

对于企业经营来说，一直以来存在两种理念。一种是目前占据上风的，也是多数人发自内心的想法，就是个人服从集体。他们认为，只有集体发展了，个体才能有发展，甚至可以牺牲个体的利益，来成就集体的利益，讲究奉献精神。

还有另外一种思想，就是亚当·斯密在200多年前就已经提出来的——利己主义是一切经济行为的动机，每个人都彻底追求自己的利益，从而达到推进国家和社会的发展。经济的和谐运行要靠所谓"看不见的手"来调节，而这种调节是高效率的。当然，这种经济思想初看起来有点抽象，多数人不能理解，但是这种思想经受了历史和实践的检验。

我认为，之所以提倡结构性改革，就是要否定第一种思想，倡导第二种思想。例如，有些集体所有制企业，实际上就存在着结构性的矛盾，存在着管理权和所有权的不一致，带来的问题就是低效率。

当然，这种问题也出现在很多民营企业里，只是多数企业主没有意识到。比如他们不愿意重用人才，不愿意和人才分享利益。这种现象的集中体现就是家族式管理、任人唯亲，表现形式就是负责管理的人员基本都是自己的亲朋好友，感觉只有他们才可靠可信，而对于那些真正有能力的人却处处提防着、限制着。这样的民营企业不愿意和人才分享利润，人才也和企业离心离德，背叛企业也就成了常态。所以，民营企业也同样存在着结构性矛盾，需要进行结构性改革。

那么，到底怎么改革呢？首先还是要深刻理解亚当·斯密的思想。经营企业是为了每个人的成功，而不仅仅是企业主的成功。要让企业中的每个人追求自己的目标，从而达到企业的成功。可悲的是，从事经济管理、企业管理工作的人，多数没有好好研究亚当·斯密的《国富论》，不能深刻理解市场经济的机制，这才是问题所在。西方的一些经济理论和管理思想，虽然看起来有点抽象，却非常符合客观规律。在当下，我们还是要学习一下这些200多年前的知识。

解读哈耶克思想

哈耶克认为：市场经济是人类迄今为止所能发现的最有效率且较为理想的一种资源配置体制。

我的看法：计划经济是一种低效率的配置体制，因为作为决策的计划者无法获取具体、准确的信息，或者通过错误的信息来决策，最终往往是错误的。然而，计划者的错误却需要所有人来买单。

哈耶克认为：私有财产制度是自由最重要的保障。

我的看法：有恒产者有恒心。

哈耶克认为：法治的含义不是政府以法律来治理社会，而首先是政府的行为在法律约束之下。

我的看法：法治首先意味着政府和个人都要受到法律规则尤其是宪法的约束。

哈耶克认为："自由放任"理念是对自由与法治的最大伤害。

我的看法：自由不是绝对的自由，自由是有边界的，而这个边界是法律来约定的。政府对于法律的主要职责，就是保持市场和社会的竞争秩序正常运行。

哈耶克认为：民主是一种手段而不是最终目的。

我的看法：民主不总是有效的，但是不能因此说民主不重要。

对于企业管理者来说，如何学习哈耶克的思想呢？

首先，要深刻理解市场经济，认识到竞争是一种很好的现象和选择。在公司内部强调自由竞争，那些最优秀的人才会真正获得大回报。

其次，要认识到，公司发展的前提是员工首先要发展。如果员工不能获得成功，企业也不可能成功。企业管理要注重民主，不能搞家长制、一言堂，但是又要对管理上的过分民主保持警惕。很多时候，多数人都是错的，这时的民主决策往往就是错误决策。

弗里德曼的《自由选择》

最近,我一直都在学习弗里德曼的著作《自由选择》,感触颇多。我个人认为,那些承担管理责任的人,都要多学习这些西方学者的著作,多学习这些带有宗旨性质的知识。只有这样,我们的管理理念才能得到提升。

我想告诉那些想在商战上获胜的人一个诀窍——通过学习,提高自己的认知水平,然后去市场上竞争,打败竞争对手,这才是我们的最终目标。

一、真正能说服你的人,只有你自己

在管理上,我们可以看出一个问题:很多时候,沟通是无效的。所以,军队管理就特别强调"一切行动听指挥"。你理解要执行,你不理解也要执行,在执行中,你慢慢就理解了。

二、只有市场经济体制才能实现繁荣和自由

企业管理如何进行市场化运作?就是倡导竞争机制。企业中的权力分配和利益分配,都要按照开放式的竞争机制来进行。只有这样,企业

才会发展繁荣起来。

三、美国实行"从摇篮到坟墓"的社会保障体系，成本高昂，亟待改革

从企业管理角度来说，就是要抛弃平均主义，让那些有能力、有魄力的人得到更多利益。

四、自愿交换是繁荣和自由的必要条件

既然客户或者用户拥有自由选择的权利，那么制造业唯一的出路就是追求产品的物美价廉，尤其是保障产品质量、产品功能等。

五、机会平等还是结果平等

机会平等，意味着少数人会战胜多数人。于是，多数人其实会反对机会平等。而结果平等，则是对少数人权利的剥夺，来满足多数人的诉求。

在企业管理中，我们要重视机会平等，让人才脱颖而出，同时要抛弃结果平等，因为结果平等就是平均主义，就是"大锅饭"。目前，对于多数企业来说，想调和机会平等和结果平等这两者的关系，其实是不现实的。我们要毫不犹豫地抛弃结果平等，让有本事的人赚取更多的钱，让能力一般的人安分守己，做好本职工作不出差池即可。

六、市场将能更好地保护消费者

这是因为,消费者有自由选择的权利。对于企业管理者来说,要充分认识到这一点,在经营企业中始终秉持"顾客至上"的观念。

借用这本书编者的话,如果说诺贝尔经济学奖得主都是大师,那么弗里德曼就是其中极少数的"大师中的大师",他致力于推动自由市场经济,排斥政府干预经济。时间证明了弗里德曼是一个先知型人物。然而,即使是在市场经济非常发达的西方国家,开始的时候,他也是孤立无援的。

我们常常会说别人"脑子进水了",也就是说,这个人的思想出了问题。而在企业管理中,我们往往也会"脑子进水",就是因为我们不能摆脱旧思想的束缚。所以,我们要提高自己的认知水平,只有一条捷径,就是向弗里德曼这样的人多学习。

学习德鲁克

当我们面试一些高级管理人员的时候,不要听他们喋喋不休的吹嘘,只要问他一个问题就可以:谈谈你对德鲁克管理学的看法。

于是,奇迹出现了,他们刚才还神气活现的表情马上消失了。他们畏缩了,现出了原形,其实他们根本就没有自己说的那么能干。

很多企业界的佼佼者，都在倡导终身学习，因为他们发现在企业管理的实践过程中，只有通过不断学习才能提高自己的管理水平，才能真正应对自己遇到的各种挑战。在学校里学习的目的，是增加自己的竞争力，考上好大学。在企业中努力学习管理知识，也是为了提高竞争力，在市场竞争中立于不败之地。其实，不是我们愿意学习，而是如果我们不学习，就会在竞争中失败。

多读书，才能深刻体会管理学的真正内涵。下面我就来谈谈德鲁克的《卓有成效的管理者》这本著作。

一、平凡的人能做出不平凡的事业吗

德鲁克说：能，只要组织中的每一个人都能做到卓有成效。

德鲁克的这个观点，首先强调了团队的重要性，就是一群总体来看很平凡，但又各有所长的人，他们只要组建成团队，发挥每个人的优点，取长补短，就可以做出不平凡的事业。我们要注意，他说的平凡并不是我们平时所理解的平庸，而是借此来强调团队的重要性。

二、卓有成效可以学会吗

德鲁克说：卓有成效是可以学会的。

德鲁克的这个观点，我们不能仅仅从字面上来理解。卓有成效，对于极少数人而言是可以学会的，但对于多数人来说是学不会的。就像我们说的，数理化可以学会吗？答案是肯定的。但是，把数理化学好，成为一名高级技术工人，可以做到吗？在实践过程中，我们会发现，这只有少数人才能做得到，多数人即使再如何努力也无法成为高级技工。由此可见，德鲁克并没有把这一点解释清楚。所以，我经常对那些所谓笨人说：笨一点没关系，你还有一条路，就是践行工匠精神。当然，在我的公司工作，不管你是聪明还是笨，都要践行工匠精神。

三、每个人都必须卓有成效吗

德鲁克说：卓有成效是每个管理者必须做到的事。

这句话的意思就是，那些负有领导责任的人，必须做到卓有成效，管理必须有结果。例如，企业的高管们是必须要做到卓有成效的，否则就会被降职降薪，甚至被解雇。当然，作为公司拥有者的老板更要做到卓有成效，否则就会被市场淘汰，自己的企业就会破产倒闭，后果非常严重。德鲁克的这个观点非常正确。

那么，管理者如何做到卓有成效呢？德鲁克提出了以下几个方法：重视时间的管理；管理以结果为导向，成王败寇；发挥每个人的长处，量才使用；管理要抓住重点，分清轻重缓急；有效决策。

德鲁克一贯秉持着奥地利学派的传统。他坚持认为：优秀企业家和企业家精神是一个国家最为重要的资源。这个振聋发聩的观点，也是他基于对市场经济的理解得出的。这个观点是1966年提出来的，但50多年过去了，对于我们来说它仍然是一个新的观念。只有当整个国家都深刻理解市场经济时，我们自然就会发现，优秀企业家的创新精神会带来什么。

德鲁克在这本书的前言里，还提出了另外两个观点：迄今为止，我们对于卓有成效的管理者的重视依旧不够；卓有成效的管理者，正在迅速成为社会的一项关键资源。

由此我想到大家耳熟能详的一句话，出自电影《天下无贼》：21世纪什么最贵？人才！其实，早在三国时期，刘备三顾茅庐，就证明了人才的价值。那些能够做到卓有成效的管理者，是企业发展最重要的因素，我们对这些卓有成效的管理者的重视，不能仅仅体现在高薪、高职位上，还要进行股权激励，让他们成为企业的主人。

现实中，有很多企业主却反其道而行之，经常和一些有能力的员工进行博弈、较劲，甚至努力打击那些卓有成效的管理者，把他们从自己的公司赶走，白白送给竞争对手，这就是因为他们没有认识到人才的价值。

所以，我希望每个企业主都能真切地意识到，对于企业来说，最有价值的不是巍峨耸立的办公楼，不是面积宽广的厂区，不是车间里价格昂贵的设备，更不是银行里数额巨大的存款，而是一支强有力的团队、一群卓有成效的管理者，他们才是企业成功最重要的因素。

最后，我还想建议每个企业管理者，都要学习一下德鲁克的管理学。书中自有黄金屋，书中自有颜如玉，说得没错。

沃尔玛启示录

经常读我文章的朋友们都知道，我主要是研究两个方向的问题，首先是经营管理，探讨如何在一级市场获得成功；其次就是投资方向，尤其是关于股票投资的问题，探讨如何在二级市场获得成功。归根结底，都是探讨如何在市场上积极参与竞争，并且取得成功。

但是，今天我要谈的问题，既涉及企业经营管理，又涉及股票投资。因为沃尔玛的成功同时说明了这两个问题。

简单来说，沃尔玛的成功，告诉了我们一个道理：无论是投资还是创业，都需要考虑我们做的事情是否有套利空间。

沃尔玛之所以发展这么快，是符合市场经济规律的。其做事的底层逻辑，就是去发现有套利空间的行业，积极参与进去，然后再把这个行业的套利空间关闭掉。

看看沃尔玛是如何做的吧。沃尔玛在扩张的过程中，始终保持不高于3%的利润率，同时通过大规模采购，不断降低成本。当然，这部分降低的成本，沃尔玛并没有据为己有，按照正常逻辑，这些降低的成本本来是可以属于沃尔玛公司的，也就是公司的利润增长点。但是，沃尔玛没有这么做，而是把成本降下来以后，依旧保持不高于3%的利润率。于是，沃尔玛就对整个零售业比较高的利润率产生了巨大冲击，使得那些本来经营不错的商店基本上都倒闭了。

通过这种经营模式，沃尔玛在上市后的20多年中，营业收入从2亿美元增长到5000亿美元以上，这是商业史上的一个奇迹。

其实，在我国也有类似的案例，就是国美电器的发展史。他们的商业模式的特点，就在于看这个行业有没有套利空间，如果有就立即参与进去，然后把套利空间关闭掉。于是，后来的竞争对手就很难立足了。

这样的商业模式，是市场经济高度发达的必然产物。沃尔玛创始人山姆·沃尔顿说过一句名言："买得便宜，就可以卖得便宜。"这句话听起来有点让人摸不着头脑，其实他的意思就是要通过消除套利空间的方式，在行业内快速发展，形成壁垒。

同样的道理，对于二级市场的投资，也就是股票投资来说，我们要投资的企业也要符合这个条件，即公司从事的行业有没有套利空间。这也就是我们常说的公司能不能给用户创造价值。如果能，并且在这个方向上还有足够大的空间，那么恭喜你，你找到了很有价值的股票。

对于自己创业的人来说，一定要事先好好看清，这个项目是否能够给客户创造价值。也就是说，行业有没有存在痛点，我们的项目是否可以解决用户的痛点。接下来，当我们参与到这个行业，等它发展起来之后，是不是可以关闭套利空间。

所以，我写这篇文章，既是分析以股票投资为目标的二级市场，也是分析以创业管理为目标的一级市场。我们要非常清晰地认识到，像沃尔玛公司那样的商业模式，并不是表示它的老板有多么实在，而是一种非常高超的商业技巧。

我们也可以照此去寻找那些套利机会。比如有些地方的饭店，饭菜不好吃，价格还很贵。那么，这个地方的餐饮市场就有套利空间，投资这方面的创业项目就是一个不错的选择。参与进去以后，我们如果真正做到了饭菜味道不错，价格也便宜，满足了这个客户群体的需求，就可以把套利空间关闭掉，从而实现长期盈利。

道理其实很简单，只要我们好好研究这些成功企业的商业模式，就一定会从中有所顿悟。

自由和平等

自由和平等，这两个词一直都非常流行，但是我相信多数人对它们都没有太深刻的理解，甚至误解了这两个概念。

表面上看，自由和平等是两个同方向的概念，甚至有人会认为，自由和平等就是一回事。其实，这两者绝对不是一回事，它们有时候甚至是一对针锋相对的矛盾体，是不可调和的。

首先，我来解释一下什么是自由。其实，自由最本质的含义，就是自由竞争。打个比方，在学校里面考试，表现出来的就是自由竞争，所有人都不能逃避，也不能舞弊，只能靠自己的能力去考，这就是参与考试的自由。但是在考试这件事上，对于多数学生来说，每次考试可能都是一次挫折，所以，他们不喜欢这样的自由竞争，他们不愿意考试。

这么看来，对于多数人来说，自由其实并不是一件好事。那么，什么事情有利于多数人呢？就是我要说的第二个词——平等。

平等，它其实还有另外一层含义，就是抛弃自由竞争的机制，采用平均主义。中国古人所谓"不患寡而患不均",说的就是这个道理。对于多数人来说,如果让他们参与自由竞争,他们可能会失败得很惨,因此他们是反对自由竞争的,而更希望能够实行平均主义,这样他们就可能有机会成功。而通过自由竞争,他们是毫无机会的。

这个问题反映在企业管理方面,也就是每个企业都要面对的事情,比如怎样处理少数有能力的员工和多数能力一般的员工的关系。

很多企业的管理者往往思想比较传统,他们会采用平等的理念来分配利益,让那些有能力的员工和普通员工的收入差距不太大。表面上看起来,这个公司是很和谐的,其实这样做打击了那些优秀员工的积极性,他们会因此不愿意去奋斗和努力。但关键在于,他们能做的那些有难度的工作,都是普通员工无法完成的。

如果你认识到这一点就会明白,在企业管理上实行平等的思想,或者平均主义思想,是脱离实际的,甚至是错误的。不过对于这个问题,很多企业管理者并没有意识到,说得直接点,就是这些管理者存在"妇人之仁"。这导致的后果就是企业中的能人不愿意努力,而普通员工又没有能力完成有难度的工作,最终导致企业效益下滑,所有人的利益都受到损失。

所以,对于企业管理者来说,对待自由和平等的问题,就是处理少数能人和多数普通员工的关系,也就是利益分配问题。

我的观点很直接,在企业管理方面,首先要重视自由,重视自由竞争,重视那些善于竞争的人才,以结果为导向。那么,如何对待能力一般的多数员工呢?其实很简单,就是企业通过重视关键人才而得到发展,然后再提高多数普通员工的工资待遇,这样来达到一个相对好的平衡。

商业的本质

什么是商业的本质？

这个问题，有无数的专家学者和企业家都探讨过，其实最后的结论都是一回事。用雷军的话来说，商业的本质就是"利他主义"，就是通过利他来实现自己的商业目标。具体表现就是用户至上，注重用户体验的同时，也关注产品的价格，通过产品的质优价廉来得到用户的认可，从而实现自己的目标。

其实，这个观点也是经过几百年市场经济实践活动得出的结论。

商业的本质，这个问题是必须解决的。否则，我们的创业，我们的企业管理，我们的产品设计，都会失去方向。而现在，高效的市场经济体制用它那只"看不见的手"，已经完美地解决了这个问题。我们要利己，首先要做的就是完成一个目标：利他。我们要想在商业上获得成功，达到利己的目的，首先必须好好地利他，给用户提供质优价廉的产品、质优价廉的服务——这才是商业的本质。

很多人无论是自己创业还是投资股票之所以失败，有两个主要原因。一是他们无法理解市场经济体制，当然也就不会替用户考虑，不重视用户体验；另外一些人则是价值观扭曲，他们非常自私，以自我为中心，只替自己考虑，而不惜损害用户的利益。

市场经济体制，就是要淘汰掉这些人，因为他们不能正确理解商业的本质。他们经营工厂，会把假冒伪劣产品推向市场；他们经营饭店，会把不新鲜、不干净的食品卖给顾客……而任何违背市场规律的商业行为，都必然会遭受失败。

在高度发达的市场经济体制下，如果你做了不诚信的事，那是非常愚蠢的，因为市场最终会自己投票给那些做得对的人。

不是克制的事

最近见了一个好久不见的老朋友，他以前在我的公司里工作过。聊天的过程中，他称赞我最大的优点就是懂得克制。其实，我认为这不是对我的肯定，而是对我的误解。

例如，我在创业的过程中，总是把诚信放在第一位，并不是因为我自己有多么高尚的品德，而是我理解了一个多数人不知道的道理：讲诚信，才符合我的利益最大化的要求。

就像我经常对江南地区的合作伙伴们说，你们江浙沪的商人重视产品质量，重视诚信经营，并不是你们心地善良，而是因为你们能理解诚信可以带来更多收益。这就是说，他们对市场经济的运行规律有着更深刻的理解，而这样的理解，就促使他们为了获取更大的利益，坚持诚信经营，而不是因为他们懂得克制。

由弗里德曼的那句名言"真正能够说服你的，只有你自己"，我想到自己读书的时候，从小学开始，就从来都不用父母督促，因为我知道一个明显的道理："少壮不努力，老大徒伤悲。"读不好书，后果就是处在竞争的劣势位置。因此，我一直以来都发愤读书，因为我知道自己在做什么。很多同龄人因为不爱读书而被父母责骂，就是因为他们始终不能理解读书的真正意义。这是一个竞争激烈的社会，读书对于我们来说就是一条非常好的出路。所以，上学的时候，努力学习就是自己的分内事，这根本不是别人说的"克制"的问题，而是有了目标，就会积极主动地向目标前进。

同样的道理，在企业管理中，我们之所以重视产品质量，并不是说我们自己有多么克制，多么替用户着想，而是因为在市场经济体制中，用户有自由选择的权利。如果我们的产品质量有问题，用户会拒绝与我们合作，转身去采购我们竞争对手的产品，这也就是人们常说的"用脚投票"。因此，在开放的自由竞争市场经济中，最符合我们利益最大化的选择，就是重视产品质量。

当人们不能理解市场经济的本质时，往往就会有误解，单方面认为我们经营讲诚信，注重质量，是因为我们懂得克制。很多人不知道，在市场经济中，如果我们不讲诚信，不重视质量，我们就会在竞争中彻底失败。当我们深刻理解了市场经济规律时，我们就会主动诚信经营，去苛求产品质量。

说到底，那些诚信经营的人，并不是自己多么克制，或是品德多么高尚，而仅仅是因为他们聪明，聪明到能够理解市场经济规律而已。

投资，还是创业

经营企业还是投资企业，这是一个非常有意思的问题。

首先，我还是要再次强调，经营企业和投资企业有一个共同的特点，就是这个企业得有前途，最好是有巨大的发展潜力。否则，无论是你自己经营企业，还是购买这个企业的股票，最终都会一败涂地。

但是，经营企业和投资企业在实际操作过程中还是有着巨大的不同。经营企业，尤其是经营一家制造企业，需要一个强有力的团队，需要各种能力非常强的人来填充公司的各个职位，比如人力资源管理、采购管理、生产管理、技术管理、质量管理、销售管理、外贸管理，等等，在每个方向上，都要有才能卓越的人来担当。无论哪个方向缺人，都会成为企业管理的短板。

由此，我想到一个管理学问题：木桶理论。也就是说，一个木桶能够盛多少水，是由木桶上那个位置最低的木板决定的。只要经营过企业的人都知道，组建一个团队很容易，但是要求团队中的人个个出色则非常困难，这是困扰所有企业的一个大问题。

但是，在投资企业的过程中，就不需要太强的团队了，只要自己努力、有悟性就可以。投资市场上充斥着太多太多感性的竞争者，通过自己的努力、独立思考，去打败这些竞争者并不太难。因为投资市场上的多数人往往会被市场的噪声所影响，甚至被控制，最终走在了错误的道路上。我就是因为认识到这些，才能在股票市场上不断发现一些好的投资机会。

总而言之，在经营企业中，需要从多数人里面选拔出来优秀人才，这个工作太难了。而在股票市场上，通过打败竞争者而获利，反而是一件很容易的事情。

由此，我得出一个结论：投资企业比经营企业更容易。这就是我对这个问题的看法。

大江大河

最近看了一部电视剧《大江大河》，说的是刚改革开放时发生的故事。看起来有点意思，但是仔细想想，这部电视剧宣扬的改革仍然不够彻底，当然，这也是受其所处的时代所限。

比如，剧中讲了宋运辉在城里的国营企业打拼，村书记雷东宝带领村民在乡下发展村办企业。稍微懂得一点市场经济原理的人，都能发现这里的问题。因为类似这种集体性质的企业或多或少都会存在结构性问题，所有权和管理权脱节，不符合市场经济发展规律。

那么，什么样的企业才是比较合理、先进，符合市场经济的呢？那就是实行彻底的责权利统一的模式。典型的如西方现代企业制度。当然，我国也有不少这样的企业，比如那些上市的互联网公司，它们的治理结构都是比较先进的，强调每个人都参与到企业管理中，首先是为了自身的发展，其次才是为了企业的发展。

我们应该强调企业和员工之间的合作关系：员工之所以在我们公司工作，是因为我们根据他们的工作量给予的报酬最好，能使他们的利益最大化。

同样的道理，善待员工，也不是说企业主有多么善良，而是企业借此可以留住一流的人才。所以，我一直坚持改善工作环境、改善食堂饭菜、提高工资水平，只有这样做，才能招到和留住最好的员工。当然，企业施行股权激励，也不是盲目地发善心，而是因为企业要发展，必须要有一流的人才，唯一可以打动那些有本事的人的，除了高薪，就是股权。让他们成为合伙人，成为企业的主人，才能真正留住他们，不被竞争对手挖走。这么简单的问题，很多人还想不明白。

目前的私营企业中，多数存在着结构性矛盾，不少私营企业主喜欢任人唯亲，喜欢亲力亲为，而不愿意重用人才，或者不愿意和他们分享利益。所以，对于那些真正的人才来说，还是要去寻找一个好平台，而好平台的唯一标准，就是有分享的理念、有股权激励方案、有更好的待遇。

我国目前实行现代管理制度的企业不足百分之十，当然，这也要有一个循序渐进的过程。不断变化的现实会让私营企业主们看到，不和那些有本事的员工分享利润，企业就会原地踏步，甚至垮台。说白了，企业的竞争就是人才的竞争。那些有本事的人也不要妄自菲薄，即使自己暂时两手空空、身无分文，只要有脑子、有勇气，你将来一定会有很大的发展。

这个时代，是一个智慧比金钱更重要的时代。落伍的终将会被淘汰，先进的也终将会胜利，这是不可避免的客观规律。

沼泽地

在经商过程中，我经常会发现一个现象：几个人一起合伙做生意，刚开始还很团结，但等到生意成功了，这几个人就开始内斗，最终搞垮了公司。当然，也有另外的情况，就是几个人才开始创业没多久，生意根本没有什么起色，距公司盈利还有很长一段距离，他们就已经斗得你死我活了。为什么会这样呢？

我冷静观察了一下，发现了问题所在，就是这样的人往往做事没有界限，除了维护自己的权益，还要越界去夺取别人的合理权益。每个人都这样想，也这样做，矛盾于是开始激化，最终不可调和。他们如果不斗个你死我活，肯定是不会罢休的。用"外战外行，内战内行"这句话来形容他们再恰当不过了，这样的人干正事时束手无策，在内斗方面却智慧超群、花样百出，确实让我们这些旁观者叹为观止。

这就是我经常谈到的"内耗"问题。在合伙企业里这种现象很多，有的合伙人会在私底下出卖公司的技术，有的合伙人会在公司以虚报的方式冒领差旅费，有的合伙人会独吞利润……最终结果就是纸里包不住火，导致两败俱伤的结局。其实，这些人根本就不应该成为合伙人，但是在没有利益考验的情况下，我们往往很难发现他们的本质。

当然，这样的内耗现象不仅仅存在于创业团队内部，在社会生活中也普遍存在。例如，在正常的商务工作中，有的供货商会轻视产品质量，给客户带来损失。也有的亲戚朋友之间借钱不还，最后不得不通过诉讼追回借款，其实很多诉讼根本就不应该发生，但偏偏还是会发生，这也是一种内耗。

内耗这种问题，会让人或企业就像行走在沼泽地里一般，满身疲惫、狼狈不堪、举步维艰。

那些擅长内斗的人一般都没有真本事，也没有精力去做正事。他们往往都是非常感性的。而一个团体要发展、要成功，需要团体里的多数人都应该是理性的，能够互相理解、彼此合作，而且他们也不会越界去掠夺别人的合法权益，这才是最符合大家的利益，使大家利益最大化的唯一途径。所以，在认知水平高的人之间，更多的是合作、是共赢。而对于认知水平低的人来说，他们的字典里就没有公平、公正、合作、共赢、诚信——这些商业社会里经过实践反复验证的正确理念。

那么，这些不论在团队内部还是社会上都普遍存在的内耗问题，究竟是出于什么原因呢？究竟是品德问题，还是智商问题？

我认为，最主要的原因还是智商不够。那些擅长内斗、不讲诚信的人，他们往往看不到诚信经营、不越界侵犯他人权益将会给自己带来的巨大利益，更看不到处心积虑地损害合伙人的利益，最终也肯定无法实现自己的目标，反而会导致害人害己的不利局面。当一个团队、一个地方的人都这样去思考、行动时，这个团队和地方就变成了你死我活的丛林社会，自由公平的商业活动将会受到束缚甚至扭曲。

那么，有没有解决办法呢？其实很简单。我们首先要重视这个问题，明白在现实生活中有些人并没有边界概念，也就是没有原则。因为他们不能理解，遵守原则不仅仅有利于合作伙伴，更有利于他们自己。

另外，我们在寻找合作伙伴或雇佣管理人员的时候，要特别重视对其进行严格的审视和考察。"路遥知马力，日久见人心"，说的就是要靠时间来衡量我们的合作伙伴。判断一个人到底如何还是有很多方法的，因为那些没有原则、缺乏智慧的人，其实也都有迹可循。

对于我们这些还想做点事情的人，这是必须要重视起来的现实。切忌不要陷入自己的错觉，以为双脚踏在了康庄大道上，实际上却是跋涉于沼泽之中，狼狈不堪。我们要重视对这种沼泽地的研究，找出应对沼泽地的方法。

走正路

我们总是劝说别人走正路，并且告诫自己也要走正路。那么，什么是正路，什么又是邪路呢？我认为，一个团体的运营规则，如果是以自由竞争为手段的路就是正路，其他的都是邪路。

比如，有些民营企业主们喜欢任人唯亲，而不是尊重人才，在这样的公司里，人才得不到发挥自己才能的机会，反而被老板身边那些平庸的亲朋好友占据上风。这样的企业，管理效率是低下的。这种不按照竞争原则来经营企业的方式就是邪路。

再如，中国传统的家庭，说了算的往往都是年龄大的长辈，而他们往往学历不高，甚至几十年都待在家乡，见识较浅，但是他们自认为懂得多，所以家庭的大小事务都是由他们来做主，当然，出现错误的决策是必然的。一个家庭的决策，需要由最有智慧、最有见识的人来做决定才对。

这些道理其实很简单，但我们还是会发现，目前在很多企业中普遍存在着这些现象，就是不按照竞争原则来决定领导权，也不按照竞争原则来分配利益。于是，举目一望，都是邪路。

我们只有认识了什么是邪路，就自然知道了如何走正路。走正路其实也很简单，就是按照竞争原则来分配权力，按照竞争原则来分配利益，这样的道路就是正路。

终身学习

最近几年，关于认知的问题，受到越来越多人的重视。这说明大家都逐渐认识到了认知的重要性。

在投资学中，有一句名言："你永远赚不到认知能力以外的钱。"股神巴菲特也说过一句话："你真的能够向一条鱼解释在陆地上行走的感觉吗？"当我们的认知能力出现问题的时候，再多的努力都是没有用的。

这样看来，认知可以说是一个人发展的前提。认知到哪里，人的能力和财富就到哪里。那么，要怎么来提高自己的认知呢？有没有什么捷径？我认为捷径是有的，就是不断学习。

最近20年来，企业界都在倡导终身学习，这是非常有道理的。当然，不同的管理者出发点是不一样的，有的是工程师出身，有的是财务会计出身，有的是市场营销专业出身……但是从事管理工作，不管是自己创业还是做高管，不管工作内容怎么变化，都需要通过学习来补齐知识短板。例如，管理一家制造业企业，需要懂财务管理、质量管理、生产管理、人事管理、采购管理、安全管理……没有一个人一开始就能精通所有领域，面对这些管理知识，势必要通过学习来补齐短板。时代在不断发展，新的管理模式、新的技术创新也在不断出现，从事管理工作需要与时俱进。所以，如果你想要做好管理工作，保持良好的竞争优势，终身学习就是必需的。

那么，怎么学习呢？或者说，先学习什么呢？我认为正确的方法，应该是学习那些先进的管理理念，尤其是要多阅读西方优秀的管理著作。当然，我们一定要有自己的判断力，要学习其中的精华。

我的推荐是：亚当·斯密的《国富论》，这本书是世界现代经济学的开山之作；哈耶克的《通往奴役之路》，这是最正宗的西方政治哲学著作之一；弗里德曼的《自由选择》，这本书比较深刻地剖析了自由竞争的市场经济；德鲁克的管理学著作，既然被称为"美国现代管理学之父"，他的见解毋庸置疑。

如果你想创业，或者想去大企业做高管，不把这几本书搞懂了，你的管理工作就很难做好。

第二部分

论方法：管理就是回归常识

学习的目的是什么

从事制造业这么多年，我一直非常重视业余时间的学习。因为我知道要想经营好企业，必须依靠学习。那么，学习什么呢？还是要学习西方先进的管理知识，这一点，我已经强调过很多次。学会正确的管理学思想，然后再回过头来去打败那些没有拥有正确思想的竞争对手。说了这么多年，我确实做到了，那些看起来不可战胜的对手，被我彻底地打败了。

我在公司里经常会鼓励管理人员，要努力学习管理学书籍，希望他们能够通过学习来提高能力，从而担当更重要的职位。所谓"重要职位"，就是解决那些有难度的事情的职位。

每个想发展的企业都会面临一个问题：缺少人才。但是，很多人对于工作之余的学习并不以为然。一开始，我也有点疑惑：他们为什么不愿意学习呢？后来，我发现了问题所在：他们没有学习的能力。德鲁克著作中的每个字，他们都认识，却无法理解德鲁克说了什么，这样的人是不适合从事管理工作的。

再来说说我们为什么要学习，或者说我们学习的目的是什么。

我们先从市场经济的基本原理说起。市场经济正常运行的一个宗旨，就是竞争。也就是说，我们从事企业管理工作，就是要研究竞争，提高自己企业的竞争力。为什么说竞争是市场经济的主要因素呢？因为任何一个行业，都是从增量市场发展到存量市场的。当然，市场处在增量阶段时，也是存在着竞争的，这个阶段是"跑马圈地"的状态，对此，参与者必须知道，也必须在这个阶段取得成功。在增量结束的时候，会出现一个结果：赢者通吃。然后，行业会进入一个存量市场的阶段，这个时候的竞争已经非常激烈了。因为一方增加的市场份额就是别人失去的市场份额，结果就会形成"你死我活"的商战。

作为企业的一员，任何人都不可避免地会随着企业参与到市场竞争中。在这个过程中，我们自身对于企业的发展做出什么贡献，才是获取回报的依据。而只有通过学习，才能提高自己的能力，帮助企业提高竞争力，打败竞争对手。也只有企业成功了、盈利了，企业主才会根据每个参与者的能力、贡献或者绩效，来给大家分配利益。所以，我们通过努力学习，提高自己的能力，然后参与到企业管理中，解决那些企业发展的难题，然后我们才会有收获。

虽然目前我国还处在市场经济的初级阶段，但随着时间的推移，市场的作用会越来越大，竞争也会越来越激烈。那些有竞争力的人会越来越受到重视，他们也会取得更大的发展，这就是目前企业界越来越重视学习能力的原因。

不过，盲目地鼓励员工去学习，也不会有什么效果。在此之前，我们一定要告诉员工：用业余时间努力学习专业知识，不断提高自己的工作能力，然后担当更重要的职位，这样才能获得公司重视，获得更高的薪水，甚至成为公司的合伙人，做企业的股东。这才是一条现实可行的路。

理念的力量

我曾经雇佣过几个员工，因为其自身能力不足，自己预料到会被解雇，就提前提出了辞职，而且辞职理由非常搞笑：理念不同。其实，并不是什么理念不同，只是这些人的能力不行而已。

当然，理念是有力量的，不同理念的人确实没法在一起奋斗。最近几年，"理念的力量"这句话非常流行，至于它的含义，我认同陈春花教授的观点：从理念转化为行为，用实践来验证理念。

我觉得，对于真正的好知识，就是要不断地重复，不断地通过各个角度来分析、探讨，这样才会让我们深刻地理解管理的理念，才能在实践中形成习惯。

下面，我就来说说我在公司里不断宣导的核心理念。

一、"安全、质量、效率"

在我们公司的车间大门上方，写着三个词语："安全、质量、效率"。这个理念，其实就是在提示车间管理的重要性。

安全，主要还是生产安全，核心是员工的人身安全，要坚决杜绝工伤事件。因为一旦在企业管理中忽视安全问题，我们的企业和员工就会付出巨大的代价。这是做企业管理最需要重视的大问题。

同样，我们也要重视产品质量，这是客户选择我们的主要原因。我们公司对于产品质量也有自己的理解。我认为，重视质量不能以客户的满意为标准，而是要超出客户的期望，虽然这样做我们会付出更多的成本，但是长期坚持不懈，就会发现这样的坚持是非常正确的。

最后就是效率。经营企业，就是要靠管理来提高效率，保持良好的状态。企业要想在市场上生存，只有不断地提高生产效率，才会降低成本，才会在市场上保持竞争力。一味地自我陶醉、自我满足，最终只能使自己滑向失败的深渊。

二、"只有好员工，才有好产品"

这是写在另一个车间大门上方的一句话，也是我从自己的企业管理过程中领悟出来的。我们要经营好企业，要生产出高质量的产品，就必须重视员工的素质，只有那些诚实、正直的人，才能生产出质量一流的产品。在这方面，我也是借鉴了曾国藩招募湘军的经验。他开始招募湘军的时候，录用的都是那些老实、能吃苦的种田人，这样的人在军事行动中才会顶得住压力，才会形成一个强有力的团体。我们不得不承认，很多人来企业工作是吃不了苦的，他们在家里懒散惯了，不愿意学习技术，也顶不住压力。这样的人在车间工作，会对产品质量造成巨大的威胁。我们的产品是高端铆钉，需要十几道工序才能生产出来，任何一步都不能疏忽。所以，做事不认真的员工是不能胜任这项工作的。

三、"对内民主，对外诚信"

这句话写在我们办公楼的大厅墙壁上，一进门迎面就能看得见，位置非常显眼。

对内民主，就是在企业管理中，我们要重视每个员工的意见，不能搞一言堂。要多倾听员工们的心声，他们有什么好的建议？有什么需要企业改进的地方？食堂的饭菜质量如何？生产环境如何？并且，我们还要经常组织员工向公司提建议、提意见，对那些有价值的批评，要制订出相应的解决方案；对于那些涉及生产安全、改进生产方式的建议，要给予奖励。管理需要民主化，我一直都很重视团队建设。如果看看洛克菲勒的回忆录，你就会惊奇地发现，在 100 年前，他就已经提出团队建设的重要性。当然，我们对内的民主化，更多地体现在对企业员工，尤其是那些负有重要责任的团队成员进行股权激励，让他们成为企业的合伙人，成为企业的主人。对内民主，不能仅仅是一个好听的口号，而是要落到实处，这是一个企业长久发展的必行之路。

对外诚信，就是我们要重视和供货商的合作关系，及时支付货款，同时，还要向客户提供质量一流、价格便宜的产品。在产品质量出现任何瑕疵的时候，我们要想尽一切办法来解决问题，不能让那些支持我们的客户失望。并且，我们也拒绝使用那些质量低劣、价格低廉的原材料，这是我们长期坚持的原则性的立场。

四、"践行工匠精神"

这句话位于车间大门对面的墙上，也非常显眼。公司里的每个人，每天进出都能看得到。从事低端制造业，想要保证产品质量一流，唯一的途径就是践行工匠精神。我们的企业一直都在倡导这种精神，这是企业长久发展的基础。

我从开始创业到今天，已经有 20 年了。企业在不断发展壮大，即使在整体市场不景气的时候，依旧有不少订单。这就是因为我们始终坚持这些正确的理念，从而赢得了客户的信任。

我真正地体会到，正确的理念，虽然实行起来效果很慢，没有立竿见影的效果，但是长期坚持下来，就会看到它的巨大力量。在经营管理中，只有用正确的理念来指导我们的实践，企业才会有远大的前程。

表 哥

我想谈谈如何成为一名优秀的管理者。

我有位朋友，也是一个商人，他在北京发展。一开始，他给人打工，后来积攒了一些资金，就开始自己创业。春节回老家的时候，他的父母就告诫他，在经商的时候一定要小心谨慎，防止上当受骗，还建议他要多用自己的亲朋好友。于是，他邀请自己的表哥来北京，参与公司的管理。他的表哥看起来是一个很淳朴的人，兢兢业业，处处替我的朋友考虑。一段时间后，我的朋友就发现，刚刚有点起色的生意，却在走下坡路了，公司里一些有能力的人也开始怠工。于是，他把这几个人解雇了，不久后，公司就彻底不行了。这时他才发现，原来罪魁祸首就是他的表哥。他的表哥只是在尽力维护他的利益，却不顾他人的利益，不为企业的发展着想。这个教训是深刻的，但是悔之晚矣。

其实，如果我的朋友学过现代管理学，他就会知道，企业的权力和利益分配只有一个原则，就是竞争原则，亲情友情在企业管理中一文不值。我们总是相信自己看到的东西，而忽视了管理上的常识，那么失败就是不可避免的。

有很多人曾经告诉我：他懂管理，有管理经验。但在我看来，他们的管理思想都是依靠经验，从自己的直觉中学到的，其实多数都是错误的。对于那些没有经过系统学习，仅仅凭借自己的经验来从事管理工作的人，我们可以得出一个基本结论：他们不懂管理。

当下有不少管理者都是如此，他们仅仅凭借自己的经验来从事管理，这样的管理质量是非常低下的。我总是苦口婆心地劝说公司的管理者要不断学习，但很多人都置若罔闻。后来我明白了，那些不愿意学习的人，其实是学不会管理的，公司就不应该让他们从事管理工作，而是安排他们从事被管理的工作。

那么，如何才能成为一个优秀的管理者呢？

首先，我要先谈谈为什么要成为管理者。因为世界上的资源是有限的，这就直接导致一个现实——竞争激烈，在资源分配方面，只有那些在竞争中处于重要位置的管理者，才有资格得到最大的回报。你要想丰衣足食，就只有一条路：成为卓有成效的管理者！

而要成为优秀的管理者，是需要系统学习管理学知识的。按我的理解，至少要学习三个层次的管理学知识：一是学习一些西方管理学思想，比如亚当·斯密、米塞斯、哈耶克等，建立一个良好的整体思想框架；二是学习一些西方管理大师们的著作，比如泰勒、福列特、德鲁克等人的管理学论著；三是学习 MBA 那套具体的管理知识。

那些长期从事管理工作的人，都在自负地相信自己的经验，这是目前我们真正面临的危机。不愿意学习，仅仅依靠自己的经验来管理，不仅让员工无法发挥效能，也阻碍了公司的发展。所以说，管理需要回归经典，要学会科学管理。

沙　发

某天，我去了一家宾馆，和几个朋友进行商务交流。这家宾馆属于集体所有制性质，在当地小有名气。当时，我们坐在宾馆大堂里的一个小会客厅，那里有几张布艺沙发，初看都是奶油色的。坐下来之后，我才发现奶油色的布面上，到处都是脏乎乎的黑色痕迹，非常碍眼。

当时，我就在想，在这么有名的宾馆里，为什么沙发会这么脏呢？

很显然，这是管理的失控造成的，主要就是因为管理者没有履行好自己的管理责任。由此我想到，其实所有管理上的失控，主要责任都在于管理者本身，被管理者是无辜的。

当我们从事管理工作时，不要期望被管理者会自觉地做事情，他们唯一的责任，就是听从管理者的指挥。而管理者的职责就是发现问题，指挥被管理者们去解决问题。当然，有时候被管理者也会消极怠工，甚至对抗管理者。从管理者的角度来看，这些都是非常容易解决的小事情——如果不服从管理，就马上解雇他们。

我还是要再次分析一下被管理者的问题——被管理者其实都是没有方向感的，他们自身无法摆脱生活的压力，只是希望有一份稳定的工作，按时得到工资，如此而已。假如还有额外的福利待遇，对他们来说更是求之不得。例如，好的食堂饭菜，有空调或者风扇，过年的时候得到很多年货，劳动节的时候公司发一些小礼品等。所以，只要公司给被管理者的工资待遇高于市场，招工就不是问题。

这样看来，企业管理的重点并不在于被管理者，而在于那些不会管理的管理者。这些管理者往往自身素质不高，按照他们的内在素质，原本只能做个被管理者，只是由于我们的失察，他们被任命为管理者。在管理岗位上，到处都充斥着这种庸庸碌碌、工作不合格的人，那么管理工作出现问题也就是必然的了。

通过现象看本质，从一个小有名气的宾馆的脏沙发上，我们就可以发现管理学的问题。当管理者不合格的时候，首先要做的，就是换掉管理者。同样的道理，要想经营好自己的企业，关键就是要找到好的管理者，同时把那些不懂装懂的管理者踢出去。

所以，不管在任何时候，我们都要重视管理者的重要性，他们才是企业的灵魂人物，他们才是最有价值的。

那天，我和朋友们说，假如这家宾馆是我的，五分钟，只要短短五分钟，就有几个人会失去工作。但是我估计，这家宾馆的状态会持续下去，并且持续很多年。

兄弟情谊

管理需要仪式感，要让管理者和被管理者知道各自的权力和责任。

很多时候，我们都会觉得，仅有几个人一起工作，是不需要提前设定管理者的。还有些时候，我们自己会觉得，员工们看起来都是非常淳朴善良的人，根本不需要设定一个管理者，应该让他们学会自我管理。

如果这样想，那我们就错了。按照我的实践经验，即使是两个人在一起工作，也要设定其中的一个人是管理者，另外一个人是被管理者，并且在待遇方面也要有所差别，从物质方面来区分清楚谁是管理者，谁是被管理者。

下面讲讲我的真实经历，你可能就会明白了。

我有一个60亩的果园，其中包含了一块3亩的菜地。为此，我雇佣了三个老农，来负责打理果园、菜地。其中两个都是来自山东菏泽地区的，并且是同一个村的同族兄弟。

刚开始的时候，这三个老农是没有管理者的，我就自己安排他们各自的工作。那两个来自菏泽的老农，因为是同族兄弟，所以关系很不错，吃饭的时候都在一起。后来，我任命了其中一个年轻一点的担任管理者。这两个每天总是在一起吃饭的菏泽老农，在任命下达后的第三天，他们的关系就变了，开始不在一起吃饭了。而那个新任命的管理者，也开始行使权力，三个人的工作效率都随之提高了。

你看，这还是三个60多岁的老农民，当任命其中一个为管理者以后，他们的整体工作效率就有了显著的提高。当然，那个管理者自己也得到了相应的收益。

其实道理很简单，凡是两个人以上的都是团体，而团体就需要有管理者。没有管理，就没有效率。有了好的管理，整体效率就会提升。

我们从事企业管理工作，一定要认识到这个常识：那些有管理能力的人，才是企业中最有价值的。一个能够管理好几十个人的管理者，他的价值是远超其他人员的。所以，管理工作的关键就是找到好的管理者。

"绑架"老板

在企业管理中，如果那些掌握技术的人，利用自己所长来"绑架"公司、"绑架"老板时，我们又该怎么办呢？

最近，我在一个同行的车间里就发现了一个问题：他们的设备特别大，然而他们和我们生产的产品却差不多。我们公司用的设备规格都比较小，因为生产铆钉不需要太大的设备。但是，这家公司的老板不懂技术（其实这个行业的老板多数都是不懂技术的），于是，公司内负责设备管理的人员，包括那些负责调试设备的技术工人，就开始作乱。他们干预公司的设备采购，支持那些请他们吃饭、给他们好处的设备厂家。

这家公司更是夸张，他们的设备管理人员不但鼓励公司购买更昂贵的台湾企业的设备，还利用老板不懂技术的弱点，推荐公司购买更大规格的设备，也就是用大马拉小车，大材小用。

于是，公司不得不花费高于正常费用三倍的价钱，购买这些"绑架"者建议的设备。他们就这样利用信息的不对称，彻底"绑架"了老板。更可悲的是，由于这些设备规格太大，接着又出现了另外两个新问题：因为大设备需要配置大模具，这更是一笔大钱，并且这种浪费会持续十几年时间；还有就是大的设备运转需要更多电力，每天都会耗费高于正常几倍的电费，十几年下来，这又是一笔惊人的支出。这样的事情在行业内屡见不鲜，至少九成的企业都存在着这样的问题。我们都知道，从事低端制造业，利润非常薄，人工费也在逐年上涨，但在我们经常忽略的设备采购方面，竟然存在这么大的一个坑！

说实话，当看到一个大车间里那些硕大无比的设备时，我感到非常震惊。有些人真的是在处心积虑、绞尽脑汁地来挖坑，然后把我们这些老板绑起来，踢到坑里。而老板们竟然还对他们非常感激，认为他们技术好，工作也很负责，提出的建议非常有远见。

企业在这方面损失惨重，主要原因其实也并不是老板不懂技术，而是我们忽视了这个问题。我们总是被我们看到的、听到的所迷惑。只要意识到了这个问题，我们就会有很多应对措施。比如，多征求同行的意见，尽快解雇那些不太实在、不负责任的技术人员，再就是加强管理，把所有管理的漏洞堵死。

从事制造业确实不容易，任何一个小小的失误，都会让我们损失惨重。对此，我们不得不多加重视。

骄　傲

在现实生活中，为什么有些人会讲原则，有些人却不讲原则？在我们的管理工作中，面对这些不同的人，应该怎么办？

一、司机甲

2010年，因为公司业务需求，我买了一辆奔驰S级轿车。司机是一个当地人，个子很高，给我开车有一年多，我们关系非常好。他给我开车，我也经常教他一些商业上的道理，他是一个喜欢学习的人，对于自己的工作总是表现出非常认真的样子。但是到了后来，我发现他竟然经常开车出去办私事，并且编造各种理由，从来不请示公司。时间证明，这是一个不诚实的人。于是，他很快就被解雇了。

二、司机乙

这个司机也是个子高高的，看起来非常精明干练，还在河南的一个武术学校练过。他住在公司的宿舍里，每天早晨开车接我到公司，下班后再开车送我回家。当然，我有时候出去办事，也是他负责开车，包括我出差的时候。后来有一次，我发现汽车的侧面划伤得很厉害，调查后才知道他晚上经常开车出去玩，不小心把汽车划伤了。这件事的处理结果只有一个：罚款解雇。

我讲这两个例子，目的并不是要谴责他们，因为谴责是没有任何作用的。我只是觉得很遗憾。他们信誓旦旦地表示自己是一个非常实在的人，会认真工作，以此骗取我的信任。但最终还是因为疏漏，丢掉了工作。我不明白他们为什么会如此轻易地践踏自己的承诺，难道他们不会为违背自己的承诺而感到内疚、感到可耻吗？不管是在公司，还是在社会中，这样的例子其实并不少见。对于一些人来说，他们可能根本就不知道什么是原则。他们普遍没有原则意识，也不足以理解什么叫做人的原则。做人要诚实、诚信、遵守承诺，对于自己不能实现的承诺要感到羞耻——这就是做人的原则。而我们之所以会犯下轻信别人的错误，就是对这个问题的认知出现了偏差：我们总会认为他们是和我们一样的人。

我们之所以有原则，并且不逾越原则，能守住自己的底线，会遵守自己的承诺，诚实守信地对待别人，主要是因为我们内心有"骄傲"。"骄傲"这个词在中文语境里的含义是偏于负面的，但我在这里说的"骄傲"，和大家平常想的不一样，它是有关商业、有关管理、有关人性的，是一种自己不作践自己的自尊、自立、自强。我们会感到不遵守诺言非常丢脸，自己会看不起自己。其实，这才是我们从来不去逾越原则的原因，就是不愿意自我否定，不愿意自己作践自己。而有些人却没有这些顾虑，他们不会在乎自己的荣誉，没有这方面的想法，他们是和我们完全不一样的人。

古往今来，那些青史留名的民族英雄如岳飞、文天祥等，当他们的很多同僚都选择苟且偷生时，他们却选择了舍生取义。他们的同僚是现实主义者，而他们是理想主义者。他们都是骄傲的人，不会因为现实的艰难而屈服，于是才有了自己正确的选择。他们知道廉耻，知道道义，而秦桧、贾似道之流是不会理解这些的。这就是人和人之间的区别。

从管理的角度来说，我们要有一个认知：对多数人保持警惕。同时，还要努力寻找那些有原则的人，组建团队，然后再去领导多数人。而对多数人来说，他们的原则性是很弱的，甚至是没有原则。这个时候，在企业管理中建立完善的制度就非常必要了。

人和人表面看着都差不多，其实内在的差别太大了，这是我们从事管理工作不得不好好面对的问题。

樱桃红了

2021年的春天来了，我们公司的三棵樱桃树都结满了红彤彤的果子，樱桃熟了。

今年这个时候，我恰好没有出差，又可以吃到自己种的樱桃了。不过，樱桃吃起来并不是很甜，有点酸。

因为工厂里有一块空地，从2013年春天开始，我就经常到附近的集市上买各种果树苗。几年来，我买回来的基本上都是伪劣的苗木。比如，我曾经买回几棵核桃树苗，但后来事实证明它并不是核桃树，而是与核桃树有点类似的一种树。一次，集市上有一个慈祥和蔼的老太太在出售葡萄树苗，大概有十几棵，看起来很大，等到我买来在工厂种下后，却发现树上结的葡萄都是酸的，根本无法食用。还有一次，我在工厂附近的集市上买了几棵大的桑树苗，后来才知道这些都是野桑树，结的桑葚非常小。

还有一个我很熟悉的老马同志。有一次，我买了他200棵杨树苗，结果回去才发现那些树苗的根都坏了，根本就不会成活，最后只能找他退货。而他呢，却对于自己不诚信的行为无动于衷。

那个不大的集市，一般都有30多个人在摆摊卖果树苗，多是上了年纪的老人。到集市上买果树的人，往往都是不懂果树的，全凭自己的感觉。听着这些一个比一个憨厚的果农向自己介绍树苗，我们很容易会根据他们淳朴的形象、诚恳的语言，而选择相信他们，一旦把树苗买回去后，往往到第二年才发现自己上当受骗了。

连续几年上当受骗后，我终于明白了我的那些自以为是的想法是错误的。不管是在生活中，还是在工作中，我们总是会根据自己的直觉来判断一件事情，结果往往是，我们就像飞蛾一样，不怕死地奔向了火堆。

现在，当我吃到不太甜、有点酸的樱桃时，我就知道自己又上当受骗了，那些淳朴的果农再次给我上了深刻的一课：这个世界是复杂的，远不是我们所看到的那么简单、那么美好。

这件事告诉了我们，在企业管理中不要轻易相信自己的直觉，也不要被别人的一面之词所左右，而是必须依靠流程、依靠制度。

管理的重点

企业管理的学习和实践是永无止境的,这个过程也带给了我们一种无穷的乐趣。通过学习大师们的著作,然后再去实践,我们每天都能感到自己在进步。

制造业是中国经济的主体,而目前我国制造业的主体主要是一些低端制造企业。

按照我以前的观点,低端制造企业一般具有两个特征:一是技术含量不高,制造难度不大;二是毛利很低,在盈利能力方面没有什么想象力。那些纺织厂、服装厂、鞋厂、低端的机电产品制造业、印刷包装企业、五金制造业,不能说毫无技术含量,而是技术含量很低,企业如果要盈利,就必须依靠规模化生产来实现,所以销售工作就显得非常重要了。

当然,我们多数企业都是这样做的,把销售工作当作企业管理的核心。按照我的理解,企业管理有两个重点:首先是人才,要重视人才招聘和团队组建工作;其次就是招聘工作。招聘工作是属于企业内部管理范畴的,销售工作则是企业要参与到市场竞争中,在市场上打败竞争对手。那么,哪一个更重要呢?

我认为,在企业管理中,人才是第一重要的。企业在任何时候都要把招聘工作放在第一位,销售工作放在第二位。先把公司的内部矛盾解决了，再去解决公司的外部矛盾，也就是市场竞争。但是，据我观察，我们的制造业，或者其他行业的很多企业，往往都忽视了人才招聘和团队组建工作。结果由于缺少人才，很多工作都很难取得进展。销售、生产、技术、采购、行政等岗位上的人员素质普遍较差，导致企业管理漏洞百出，跑冒滴漏的现象非常严重。

由此看来，从事制造业，那种重视销售工作而忽视团队组建工作的主流观点，其实是有点本末倒置了。因此我认为，管理的重点在于人才，在于人力资源管理和团队组建。

劝说是苍白的

我认为，一家企业只需要两种员工：一种是有本事的员工，他们可以承担管理工作；另外一种是能力一般的人，包括大部分员工，他们愿意践行工匠精神，成为优秀的被管理者。当然，企业中还或多或少会存在这样一种人，他们既没有本事，又怕吃苦，不愿意践行工匠精神。对于这种人，我们不能去包容他们，而是要坚决地清除出去，因为即使只有一个这样的人在公司工作，也会严重伤害公司和其他人的利益。

在企业管理中，我很少劝说别人去努力工作，因为这种劝说往往是苍白的，也是无效的。对待那些人唯一的方式就是解雇，把他们推向社会，让社会告诉他们：他们错了。

其实，真正明白这个简单道理的人并不多，估计在所有面试的人群中，只有一成左右的人能够理解：认真工作是对自己最有利的，不认真工作就是在"自虐"。

当然，我们在从事管理工作时也一定要认清现实，不要对任何人抱有幻想，不要好心做错事。

充 电

我在面试应聘者时，经常会问到他们一个问题：你喜欢看什么书？有很多人对此都手足无措，最后只能无奈地说：很多年都不看书了。

如果这个人面试的是管理者岗位，那么他基本上就可以出局了。在竞争激烈的时代，管理者必须具备学习能力。遇到新的问题，通过看书学习，从一个新领域的外行尽快转变成内行，这是一条捷径。那些企业界的代表人物，如李嘉诚、张瑞敏、任正非，他们都在不断地读书学习，这并不是因为他们有多么勤奋，而是若不通过读书学习来提高自己，就会跟不上潮流，自己很快就会被淘汰。所以，他们主动学习都是有目的的，并且目的性非常强。作为一个普通的管理者，更要读书学习，目的就是为了应对商场上的激烈角逐。这是一个赢者通吃的时代，出现任何的疏忽，都是在拿自己的血汗钱开玩笑。

当然，仅仅学习是不够的，还要理论联系实际。在管理实践中，边学习、边实践，管理水平就会提高得很快。除了学习、实践，还有一个方面也要重视，就是独立思考。经过独立思考，我们会发现，很多问题是因为我们的认知模糊造成的。在管理方面，我们往往会按照已有的知识和经验来判断、决策，却往往忽视了另一个问题，就是被管理者的认知能力问题。

举例说明，几年前，我发现一个问题，就是公司的门卫放任公司外面的人用公司的电源，为他们的电动自行车充电。当然，这是小事一桩，毕竟给电动自行车充电花不了多少电费，但是这件事的性质是非常恶劣的。一个负责维护公司财产安全的门卫，反而放任公司以外的人这样损害公司的利益，这确实有点匪夷所思。其实，公司为门卫提供的工资待遇很不错，同时还提供宿舍，提供质量很好的一日三餐，这在当地其他企业都是少有的。虽然门卫对这一切都很满意，但还要放任别人来损害公司的利益，究其原因，不是对公司不满，也不是碍于情面，而是因为他不知道这么做对自己的危害有多大。他也许存有侥幸心理，觉得公司不会发现，但是他想不到的是，一旦被发现，结果却是他无法承受的：他会因为玩忽职守而被解雇。说到底，还是因为认知不足——他看不到这样做的后果。他为了别人而冒这么大的风险，其实就是没有算计清楚，不知道怎么做才对自己最有利。我之所以用这样一件小事来举例，就是要说明一个现实问题：很多人的头脑根本无法保持清醒，很多时候都是在努力地戕害自己。

另外还有一个门卫，已经工作了两年时间，听说他也放任厨师偷偷把公司的肉拿回家，结果就是员工们总是抱怨食堂的饭菜太清淡，菜里的肉太少了，并且都是肥肉。他们不知道，原来是厨师每天都把一大块瘦肉拿回了家，而那个入职时信誓旦旦的门卫对此也熟视无睹。在一家私营企业，他们竟然敢这么做，确实让人难以理解。

读书固然重要，但我们要做好管理工作，还是要通过生活和实践来分析，不能忽视有很多人认知不足的现实。

当老板容易吗

最近，我认识了很多朋友，他们都是创业者。他们的热情和努力，让我印象非常深刻。

做老板不容易，当然这也是一句老话了。很多企业主都喜欢说这句不痛不痒的话，来显示自己的不平凡。但我今天要说的问题是，老板如果不能转变思想，那么经营企业确实很难，因为他很难领导好自己公司的员工。

目前，多数私营企业主的思想都是传统的，他们讲究等级观念，强调服从，不重视员工的自我意识。他们顽固地认为，员工都是任人摆布的棋子。其实，这些企业主都错了。

我们要认识到一个现实，员工来我们的公司工作只有一个目的，就是实现自己的自由，生活得更美好。他们有自己的思想，不会再接受那种传统的等级观念。正是因此，企业主和自己雇佣的员工们在思想上就产生了巨大的隔阂，感觉队伍不好带了，管理企业非常吃力。这都是因为企业主们忽视了这个问题的本质。

我们要想管理好自己的企业，就要改变思想，把员工当成平等的合作伙伴，把企业的发展和员工的利益统一起来。没有员工的发展，我们的企业就没有发展，这就是现实。

我自己通过近几年的学习和实践，深刻认识到，从事企业管理还是需要多学习西方的市场经济理论，比如哈耶克、弗里德曼的理论，这样才会理顺企业主和员工之间的关系，这种关系更多的是利益分配关系。

时代已经变了，经营企业就要给员工更大的发挥空间，让他们更多地参与到利益分享中来。那种既要马儿跑得快又想马儿不吃草，靠盘剥自己的员工来发展企业的思想是行不通的。持有这种想法的企业主，将很快就会被这个时代所抛弃。

磨刀霍霍

我们继续探讨一下"终身学习"的问题。我在公司里，一向倡导员工们不断学习，提高工作效率，以此来提高竞争力。

很多人会问：我们为什么要提高自己的竞争力呢？标准答案就是——我们是为了自由。然后，还有很多人会接着问：什么是自由？这是一个很大的问题，我用自己听到的一个故事，来说明这个问题。

我们公司有一个工程师，是个外地人，经过自己的努力，买了汽车。他告诉我，当他驾驶着汽车，尤其是在雨雪天的时候，他会感觉到很幸福、很自由。因为，他之前都是驾驶两个轮子的摩托车，风吹雨打。他用自己的话，完美地解释了"什么是自由"。其实，这就是我们一直苦苦追求的目标——自由。

所以，为了"自由"这个目标，我最近十年来，都一直鼓励员工通过学习来提高竞争力，在业余时间多学习自己从事工作方面的书籍，多看些公开课。另外，我甚至还特意在公司里设立图书室，买了很多书籍，有市场营销方面的书籍，也有车间管理、质量管理、财务管理等方面的书籍。

但是，多数人还是置若罔闻，他们不能理解为什么要学习，也不能理解为什么学习可以带来自由。

首先，我们来分析一下客观事实——这个世界上的资源是有限的。例如，别墅是有限的，奔驰宝马汽车也是有限的。往大了说，山川河流是有限的，矿产资源也是有限的。而我们要拥有自由，就要拥有资源，但是资源恰恰又是有限的。那么，我们每个人都会面临一个问题：生存就是竞争，或者说，要想拥有自由，只有一个途径：竞争。当然，竞争还有另外一个名字：斗争。

用投资学的一个说法，就是我们生活在一个存量市场，游戏的规则就是零和游戏模式。用我们中国人能够理解的说法来解释：竞争就是你死我活，汉贼不两立，必须有一方要倒下，要失败，这才是我们面临的现实问题。

由此可见，如果我们忽视学习，就是在拿自己的生活开玩笑，就是把刀子交给对手来砍我们。那些平时不努力学习，不刻苦学习技术，不认真工作的人，他们看不清这个世界的真实情况。我们学习，就是要提高自己的竞争力，就是要磨刀，把自己手里的刀磨得锋利无比。这样，在竞技场上，我们才会有胜利的机会。

不过，我不得不说，学习对于有些人来说，作用确实是有限的。我亲眼看到过我的很多同龄人，同样的老师，同样的课本，高考成绩距离录取分数线竟然差了150分，后来又复读一年，还是差了200分。这样的情况怎么办？其实，处在这样情况下的人也还是有出路的，就是加入一个团队，去践行工匠精神，跟随团队一起成功。

说到这里，你能明白我们为什么要学习了吗？学好了，每个人的竞争力就提高了，就可以打败我们的竞争对手。当然，大家关注的奔驰、宝马、大别墅等好东西，都是我们从竞争中脱颖而出后的副产品。

我们要仰望星空，又要脚踏实地，而脚踏实地最重要的方法，就是终身学习。就像一部电视剧中的台词："平时多流汗，战时少流血"，说的也是这个道理。

学会"细抠"

当我自己创业经营工厂以后，才算真正深刻体验到了什么是"细抠"精神，才体会到什么是兢兢业业、勤勤恳恳的企业管理，什么又是永无止境的成本控制。下面，就说几个具体例子吧。

一、包装袋

我们公司生产的铆钉是需要塑料包装袋的，每个袋子装500只铆钉。十多年前，我经过反复试验，在保证正常使用的前提下，减少了塑料包装袋的厚度，以此来降低塑料成本。其实这么做每月省不了多少钱，但时间一长，十多年时间就可以节省不少钱。

二、包装箱

我们用塑料包装袋包装好铆钉后，接下来就要把它们装入纸箱中。为了降低成本，我也是经过反复试验，找出了一个合理的尺寸，使得纸箱每次都可以最大限度地装满铆钉。

三、模具

因为公司使用的模具价格很高，我就经常利用出差时间到每个模具厂考察，了解模具的制造过程。毕竟我是学机械设计的，通过自己的了解就可以大致核算出模具的成本。同时，我也经常去请教我们当地的模具企业，进一步了解模具市场信息。我之所以如此努力，就是为了降低模具成本，增强企业的竞争力。

四、润滑油

生产铆钉需要很多润滑油，价格非常昂贵，而且在生产过程中，润滑油往往会混入铝屑和其他油污中，导致其无法使用。为了降低成本，我亲自上阵去展会寻找设备，历经波折，终于找到了一个非常好的过滤设备，可以对那些用过的润滑油进行过滤，反复使用，极大地降低了这方面的成本。

五、表面处理

生产铆钉工序非常复杂，尤其是在铆钉的表面处理上，非常浪费人工。后来，我反复琢磨，根据铆钉表面处理的特点，改进了处理方式，极大降低了人工成本。

六、产品包装

以前公司一直都是用人工来进行产品包装的，我努力寻找新方法，后来在展会上看到一种自动包装设备，可以大幅降低人工成本，于是，我们毫不犹豫地使用了，节省了不少人工成本。

七、铆钉筛选

我们生产的一种特殊铆钉，客户对于它的质量要求很高。开始的时候，我们是使用人工来进行筛选，效率低，而且不良率还很高。后来经过努力，终于找到一种电脑自动筛选设备，完美地解决了这个问题。目前，这种设备的效率是人工的 30 倍，筛选出来的质量也非常不错。

八、叉车

以前公司都是用人工来装卸货物，这么做有十几年了。尤其是原材料运到公司后，我们都会组织很多员工参与卸货，非常辛苦，效率也很低。后来，我们买了一台叉车，就彻底解决了这个问题。

九、工作服

有一次，去超市购物的时候，我发现超市的工作人员都穿着马甲，这又启发了我。于是，我让人改进了管理人员和后勤人员的工作服，都改穿马甲。这样做可以减少两个衣服袖子和衣服领子，也是一个节省费用的好办法。

十、雪糕

虽然我非常重视节省成本，但是合理的费用还是要支出的。夏天的时候，为了解暑降温，我们公司每天都会给员工提供雪糕。后来，我建议给办公室工作的管理人员停止提供雪糕，只向车间人员提供，这样也可以节省不少成本。

十一、司机

我们雇佣司机，开始时就和他们说好了，司机师傅除了驾驶公司的汽车外，还要负责其他工作。司机师傅平时都很忙，有很多人认为司机就是开车的，不愿意去做其他的工作。这样一来，我们只能解雇他们。

以前，我总是瞧不起那些生意人，觉得他们都唯利是图、斤斤计较。后来，当我自己开始创业，从事企业管理时，我才理解了他们，其实，做一个私营企业主非常不容易，经常处在朝不保夕之间，利润比刀片还要微薄，如果再不努力"细抠"，控制成本，就只有死路一条。

月饼的故事

大约十几年前，我的一个亲戚开了一个制作面包和蛋糕的家庭作坊。中秋节的时候，她也会制作一些月饼。熟悉这个行业的人都知道，月饼的利润是很高的，所以我的亲戚也非常重视。她后来找到我，希望我能在中秋节的时候购买她的月饼，然后当作福利发给员工。因为每年中秋节公司都会给员工发月饼，所以我也没在意，在那年的中秋节就买了她的月饼，发给员工。但是，她的月饼是作坊生产出来的，没有任何标志，包装非常差，味道也很一般，员工们对于这样的节日礼物是排斥的。意识到这个问题后，我认为这么做是不合适的，漠视了员工的感受。于是，第二年公司就不再从我的亲戚那里购买月饼了，而是采购了一批青岛地区知名品牌的月饼。这样做的后果就是把自己的亲戚得罪了，我的很多亲戚都对我有了新的看法，说我不讲亲情、铁石心肠，甚至有的人当面批评我，说我是一个不近人情的商人。

其实，在中秋节发月饼这件事上，我的选择和当地的多数企业主不同，他们往往都会受到亲情的绑架，而漠视了员工的感受。但我知道员工的感受是不能忽视的，忽视了员工的感受会有什么后果。于是，在感性和理性之间，我选择了理性——我宁愿得罪亲戚，也不能得罪员工。这确实是商人的做事风格，没有办法，我不是圣人，做不到舍己为人。员工们平日里都在兢兢业业地工作，在过节时收到那些看起来很低档的作坊生产的月饼，他们会怎么想？我们应该尊重他们，哪怕是中秋节发月饼这样的小事，也要表达出企业的诚意，从而让他们感受到公司对自己的重视，使他们愿意留在我这里工作，也愿意重视产品质量。这就是我简单的初心。诚实，与其说是一种品德，不如说是一种策略。我做出这样的选择，都是经过计算的。相比于亲戚的月饼，员工们对我来说更重要，他们是我的合作伙伴。

此后，每到中秋节的时候，我都会想起这个故事。当然，我们后来也做出了新的调整，每年中秋节，都会征求员工们的意见，有的时候会用螃蟹代替月饼，有的时候会用水果代替月饼。我们总是优先考虑员工的感受，这也是我们的经营之道。

丈母娘

以前，我在书上看到一个故事，就是一些负责任的丈母娘在审查未来女婿的时候，会安排这个小伙子打麻将，看看他是不是足够聪明，是不是足够有勇气。可以说，这个方法是非常有效的。打过麻将的人都知道，没有人能够在这种场合下蒙混过关，反映出来的基本上都是一个人最真实的一面。所以，那些干练的丈母娘为了对自己涉世不深的女儿负责，就采取这个方式来考验那些小伙子，效率还真的是非常高，大多数时候都可以让那些自命不凡的准女婿"现出原形"来。

以前，我是从来不玩这些游戏的，因为我知道这需要很高的智力，需要记牌，需要分析对手们。后来，在潍坊创业的时候，我和当地的几个企业主学会了打扑克，当然只是娱乐而已。从中我就发现了一个现象：有些人总是输，几乎天天都输，后来他们就彻底放弃参与这个游戏，但是另外还有一些人即使天天输，还是乐此不疲，他们并没有意识到自身的智商是不适合这个游戏的。

后来，公司来了几个销售人员，非常自命不凡。为了测试他们，我就让他们学打扑克，以此来考察他们的心理素质。我们玩的这种游戏是潍坊地区比较流行的，叫"手把一"，有点像"斗地主"，就是把一副扑克牌去掉大小王、三个 2 和一个 A，可以三个人玩，也可以四个人玩，非常有意思。就是这么 48 张扑克牌，如果是三个人玩，每人才 16 张，但是有些人竟然记不住自己的牌，他们基本上就没有赢的可能。有的人拿到不好的牌，手会不由自主地发抖，还有的人甚至紧张过度，满脸都变得通红。这显示的都是个人无法控制的一种心理反应。

看来，这种纸牌游戏确实是一个考核人才的好办法。在激烈的竞争中，只有那些脑子聪明、有勇气的人才会赢，而相比之下运气并没有那么重要。好的运气可以让你赢一次两次，但是时间一长，运气就失效了，最终靠的只有智商和勇气。

其实，在现实生活中何尝不是如此？但斌先生说：在股市上的输赢，就是市场对于投资者人性优劣的奖惩。无论哪个竞争的市场，都是由那些智勇双全的人所主宰，而希望靠运气来改变自己的命运，都是徒劳的。所以，古人给出了一个明示——勤能补拙，如果你很笨，那你就要勤快点、努力点，认真做好自己的工作。

父　亲

最近，和一些企业家交流的时候，他们都会提到父母对于自己管理企业的干涉，最后往往也没有什么好的办法，只能听从父母的意见。我在创业的过程中，也曾几次受到父母的干涉，但我把事情都处理得很好。最后，连父母也承认我的方式是对的。

七八年前，我聘用舅母来负责公司食堂的工作，因为我知道她做饭的水平不错。开始的时候，她对待工作还是很努力的，饭菜也很干净卫生。但是几个月后，很多员工就反映食堂的饭菜有问题，很多时候甚至炒的菜都不熟，同时，食堂的卫生状况也不尽如人意。看来，舅母的工作是不认真的，我决定解雇她。因为我给的工资很高，她不愿意离开公司，还让我的父母来找我说情。那时，因为老家拆迁，我的父母都住在公司里，他们就对我施加压力，希望我优待亲戚。我反复劝说父母，员工们都在努力工作，把食堂的饭菜做好、把食堂的环境保持好，就是对员工的尊重，我不能因为亲戚而得罪自己的员工，因为员工都是在帮助我赚钱的。父母最终明白了这个道理，于是，舅母就被解雇了。

　　后来，公司雇佣了一个当地的门卫，身材魁梧、脾气暴躁，熟悉电工技术。有一次，他公开辱骂管理人员，在公司内造成了很坏的影响。对此，我的想法很简单，员工辱骂、威胁主管人员，这是不能容忍的，必须解雇，即使他心灵手巧，精于电工技术，还会维修机器，但这不是他违反公司规定的理由。因为我的父亲对他印象不错，又来找我替他说情。我直接对父亲说：要不你来管理公司，否则公司就由我来做决定。那个时候，父亲已经70多岁了，又是小学学历，他肯定是管理不了公司的。最后他只能放弃，默默地离开我的办公室，而那个蛮横无理的门卫也被解雇了。那位被辱骂的管理人员是外地来的，刚大学毕业参加工作不久。我一直就反感当地员工欺负外地员工，对待这样的行为，没有任何可以宽恕的余地。

　　私营企业要依靠严格的管理，才能在竞争激烈的市场上生存下来。而要把企业管理好，就要做到不讲人情。凡是影响到公司正常运营的人，一律严厉处分，不管这个人是谁。我经常说：公司存在只有一个目标，也是唯一的目标，就是盈利。在我们做任何决定的时候，都不能忽视企业的这个目标，要排除一切干扰来维护它。任何人都没有权力影响企业的正常发展，即使是自己的父母也一样。

从事企业管理，就要时刻提醒自己：我们的目标是什么？至于别人怎么想，根本不重要。当然，也不要去想别人会怎么想，那没有任何意义。

管理心得

从事制造业这么多年，我也有了一些自己独到的见解。我说的这些经验体会，都是很多企业在管理中经常忽视的问题。这些管理上的细节看起来平淡无奇，但我相信对于那些从事企业管理的人来说，或多或少有一定的借鉴意义。像我们这样办工厂的，虽然大都是低端制造业，但是里面涉及大量管理的细节，还是会被很多企业主忽略。

一、重视食堂管理

人人都知道，物质永远是第一性的，所以一定要重视食堂管理。首先，要在食堂里面安装摄像头，对食堂环境进行全方位的监控。其次，要把制作食品的原材料，如米、面、油、蔬菜、肉类等，单独放到一个房间，作为仓库来管理。当然，仓库里也一定要安装摄像头，还要安装防盗门窗，做到万无一失。仓库的钥匙要由办公室人员严格管理。这主要有两个原因：第一，防止坏人搞破坏，进行投毒等犯罪行为，所以必须通过严格的管理制度来保证食品安全。第二，防止有人偷盗贵重的肉类食品，之前我们公司就发生过一起这样的事故，有个厨师每天偷盗食堂的瘦肉，导致食堂饭菜质量急剧下滑，员工们怨声载道。

二、重视档案管理工作

相信这一点是很多企业管理者都会忽视的。他们经常会把一些重要的合同随意存放，导致合同丢失，最后造成严重损失。我从开始经营企业，就意识到了档案管理的重要性，为此建立档案室，安排专人负责管理，这样做的效果确实很好，公司从来没有发生过合同丢失的问题，有效保证了企业的正常经营。我见过有些企业主会随身携带一些重要的合同、收据等，放在自己的公文包里，这个习惯非常不好。如果需要的话，我们可以携带文件的复印件，而把原件存放在档案室中，既方便取用，也能安全保管原件。

三、建立门禁管理制度

我们公司从前几年开始就学习那些大企业的做法，建立了严格的门禁管理制度。没有通行卡，任何人都无法进入办公楼和车间。这样做可以防止公司外边的人员随意出入，从而带来财产风险。目前看效果还不错。

四、重视环境管理

这是我从开始创业的时候就非常重视的，企业内部只有保持良好的环境，禁止"脏乱差"，员工们才能保持好心情，认真工作。

五、重视安全生产管理

我们从事的是低端制造业，利润是非常低的，企业要想运行下去，首先得从管理上要效益，尤其是要重视安全生产管理。因为一旦发生安全事故，员工有伤亡，那么对于企业来说代价就太大了，或者说我们根本就赔不起。所以，从事企业管理，务必要非常重视安全生产管理。对于那些不重视安全生产的员工，要毫不留情地予以解雇。

总之，企业管理是一项非常烦琐的工作，需要我们耐心地观察、思考、总结经验，只有把企业管理工作的方方面面都做好，我们的企业才能获得成功。

行万里路

"读万卷书，行万里路"，说的是除了要重视书本上的知识，还要重视实践活动，游历世界也是学习的一种好方法。

我因为旅游和商务工作去过台湾两次，发现那里的五星级酒店确实非常干净整洁，住宿体验比起大陆的不少同级别酒店要强不少。当然，大陆的五星级酒店在最近十年发展得也很快，酒店硬件都是一流的，但在管理水平、员工素质方面还存在一些问题。比如，虽然酒店的大堂普遍很干净，但是走廊、客房、洗手间、餐厅都存在这样那样的小问题。

很多五星级酒店都是全球连锁的，管理系统有统一的标准，那为什么不同地区的酒店相差这么多呢？其实还是人的问题，或者说是"软环境"有问题，导致管理不到位。这些酒店从总经理到普通的餐厅服务员都是有问题的，他们在参与酒店经营活动中表现得漫不经心，工作上就会大打折扣，带给客人的住宿体验也必定有所欠缺。一家五星级酒店，员工全算下来有几百人，管理这么多人需要一个精密的管理系统，一旦出现了问题，肯定就是系统自身的原因。

我之所以举这个例子，就是要说明管理上的一个重要问题。一个公司的产品质量出现问题，往往也是一个系统性的问题，是由于有些工序的质量管理有问题。一种产品的生产过程，往往会有很多工序，只有对所有工序都进行严格的质量管控，才能制造出好的产品。而且，这样的管控方式还要长期坚持下去，才能保证产品质量的稳定性。

我常常说："只有好员工，才有好产品。"对于产品质量管理来说，要保证每个工序都运行良好，不仅仅需要质量管理人员的努力，同时也需要实际操作的每个员工都非常认真地工作，并且能够把这种优秀的工作作风连续保持几年、几十年。当然，这对我们的很多民营制造企业来说太难了，找到几个愿意认真工作的人本来就不容易，更何况还要保持产品质量的稳定性！

一个完美的企业系统，才会生产出零缺陷的产品。我们企业面临的问题，就是无法打造出一个完美的管理系统，这才是真正的问题所在。就像那些五星级酒店一样，要达到统一的标准很难，因为酒店凑不齐那么多高素质的员工，几百个员工要统一思想，用心工作，确实是难为他们了。

所以，当产品质量出现问题时，不用任何怀疑，就可以直接得出结论：我们的管理系统是有问题的，有"坏人"在我们中间，而我们却忽视了。

那么，有没有解决办法呢？目前来看并没有完美的解决方案，只有尽力而为，尽量淘汰掉那些不良分子，同时加大招聘力度，聘请到那些素质高的人加入我们的队伍，加入管理系统中。这个过程是痛苦的，要不断招聘、不断淘汰，有点像神农氏尝百草一样，冒的风险很大。但是，我们不能放弃这番努力，因为只有这样，我们的产品质量才会越来越好，越来越稳定。

得道多助

孟子说："得道者多助，失道者寡助。"那么，什么是"道"呢？按我的理解，这个"道"就是道义。这句话的意思是说，那些拥有道义的人会得到多数人的支持，而那些失去道义的人则会众叛亲离。

那么，企业管理中的"道"又是什么呢？我认为，这个"道"应该是公正。首先，要对客户公正，为他们提供高质量的产品，及时供货，保证供货期，同时产品的价格也要公道。其次，要对自己的员工公正，当员工尤其是团队成员做出贡献的时候，要慷慨大方地给予其相应的利益，让他们的努力得到尊重。所以，企业管理中的"道"，就是公正地处理好各方面的利益关系。

我们在经营企业的过程中，只有坚守这个原则，这个以公正为核心的"道"，我们的企业才会走得更快、更远。如果我们忽视了这个原则，漠视外部的客户利益，损害内部的员工利益，那么无论我们以前的成就有多大，最终还是会失败。

这个"道"，是我们企业主唯一可以依靠的。请记住，不要相信雄厚的资金、耸立的厂房、高超的技术，等等，那些并不是我们的核心竞争力。我们的核心竞争力应该是：任何时候都坚守原则，都公正地对待别人。对这个原则问题的理解和坚持，才是我们领先对手的优势，而其他因素都是次要的，或者说是可以忽略不计的。

当然，有的时候我们也会遇到挫折，有些不善良的人会给我们使绊子，利用各种手段打击我们。这个时候我们决不能手足无措，只要明白一点，那些不知道公正为何物的人，他们是没有多少力量的，更多的是虚张声势，那么，打败这些失去道义的人就毫不困难了。任何时候都不要怀疑这一点，不要被那些气势汹汹的纸老虎唬住。他们失去了道义，就像是被剪掉了翅膀的蝴蝶，只有挣扎的一点力量。

经营企业快 20 年了，正是因为我们始终坚持这个公正的原则，我们才会不断地成长，不断地打败我们的对手，不断前进。

安全意识

由于我们公司从事的行业是低端制造业，所以我非常重视安全生产。

低端制造业有两个主要特点：首先，我们从事的行业技术含量较低，产品制造过程不是很复杂。其次，低端制造业的利润较低，很辛苦却不怎么赚钱。这也是我们要重视安全生产的主要原因，因为一旦出现工伤事故导致伤亡，公司是负担不起的。而且，与很多公司一旦出现安全事故就直接处理相关人员不同，我们是一旦发现这个人安全生产意识差，就马上解雇他，以避免任何潜在的风险和损失。所以，我对于安全问题的理解是预防为主，而不是事后补救。

很多时候，只要我听说公司的司机开车很快，不遵守交通法规，我一般都不会去劝说他们，因为劝说是没用的，他们已经形成了这种不好的习惯，很难改过来。我的处理方式就是直接解雇，通过这样的方式来消除安全隐患。

有一次公司招聘了一个门卫，看起来非常勤快，把公司大门口的环境保持得很不错。但是他犯了一个错误，就是每天晚上都会把公司的一条大型猛犬——高加索犬，放出来遛。本来公司规定在周日没有其他人的时候可以遛狗，但是他自作主张，改了这个规定。公司宿舍里住了十来个人，这条高加索犬对他们来说有很大的潜在危险，他每天遛狗，势必存在安全隐患。因此公司对他的处理方式就只能是解雇,我们不能容忍任何一个人漠视安全风险。

我们也经常通过奖励的方式,鼓励员工们提建议,尤其是关于安全生产方面的建议。只要是有价值的建议,我们往往都会非常重视,重奖提建议的人,并且会马上整改,消除安全隐患。

我们非常重视公司的财产安全,公司到处都安装有摄像头,保证没有死角,以此来防止有人盗窃公司财产。最近,我提出在公司的食堂、仓库、车间、办公楼等区域,都加装防盗电子狗报警器,通过技术手段来进一步完善防盗系统,让那些想偷盗公司财物的人无计可施。在这方面切记不要存有侥幸心理,而是要靠完备的安全措施,来保护公司的财产安全。

当然,对于一个制造企业来说,安全意识的提高是没有止境的,我们会不断努力,完善生产安全和财产安全措施,确保万无一失。

免费是最贵的

互联网行业有一句名言:"免费是最贵的",说得非常有哲理。按照我个人的理解,其实不管是在生活中,还是各行各业的工作中,免费也都是最贵的。作为一个好的管理者,就要在平时刻意回避那些打着免费旗号去做的事情。

首先,在公司内部管理上,尽量不要鼓励员工去无偿奉献,而要提倡员工们为了自己的利益去努力，和公司合作，把工作做好。以我的经验来看，那些口头上说自己喜欢给企业做无偿奉献的员工，多数都是伪装者。我们需要的是那些坚决维护自己的利益，同时愿意为了自己的利益和公司合作的员工，他们才是讲实话的实在人。当然，当员工们经过努力做出成绩的时候，作为管理者也必须要诚实守信兑现承诺，并且最好能够适当超出事先的承诺。假如我们和员工承诺的是5000元，等到他完成任务后，我们可以支付6000元或者10000元，让他们没有其他选择，只能心甘情愿地在我们的公司工作。在现实中有很多老板不是这样的，员工做出成绩了，他们却开始耍赖，要克扣奖金。结果就是，这些老板们失去了信用，他们得罪了所有员工。柳传志说，诚实不仅仅是一种品德，而且是一种能力；查理·芒格也说，诚实不只是品德，更是一种策略。我认为他们都说得很实在。诚实，是我们做企业管理的核心原则，当我们不能公正地对待自己员工的时候，其实就是我们失去管理能力的时候。

当然，对待公司以外的人也是如此。例如，当我们在技术上有困难的时候，需要去找那些懂技术的人合作，但我们不能期盼他们提供免费的技术服务。对于免费的帮助，我从来都是缺乏信心的，我需要的是付费的确保质量的技术服务。

很多时候，我们都希望有免费的支持，其实是我们自己没有想明白而已。在管理上，我们要坚守的原则就是公正和诚实，脱离了这个做事原则，再多的所谓免费都是忽悠。

温 柔

我们很多人对"温柔"这个词都存有好感，但是，这个词用在管理上是带有贬义的。古人云："慈不带兵"，说的就是一个人太温柔、太懦弱，总是怕得罪人，是不能承担领导重任的。即使勉为其难，担任统帅，最终往往也会失败，甚至还会出现一个严重的后果："一将无能，累死千军"。

企业中有些管理人员很会做人来事，非常圆滑，也很世故，生怕得罪人，不敢为了公司利益去严格管理那些"刺头"。这样的人其实不配担任管理者。几年前，我们公司发生过一件事：一个在二楼办公室工作的女员工，竟然在上班时间跑到一楼办公室和一个男员工谈恋爱。但是，她的主管竟然不闻不问，还表现出一副格外温柔、善解人意的样子。显然这个主管是失职的。公司里别的管理人员发现了这个问题，就直接解雇了这个员工。那个时候我正在外地出差，听说以后，非常赞同他对这件事的处理，管理者就要有管理者的态度，不能怕得罪人。

管理者要具有一定的勇气，"敢不敢管"是衡量管理者是否合格的第一标准，其次才是"能不能管好"。那些缺乏勇气的人，是不能让他担任管理者角色的，这样的人就应该服服帖帖地受人管理。

管理者是公司最宝贵的财富，而那些做事温柔的人，公司绝对不能重用他们。因为从一定程度上来说管理也是一种斗争，过于温柔的人是做不好管理者的。

防护眼镜

去年，我们公司有一个车间工人违规操作，在用电动砂轮机打磨工件的时候，没有按照规定佩戴防护眼镜，导致铁屑崩伤了眼睛。幸好问题不大，她的眼睛没留下后患，休息了几天就回来上班了。她是一个技术不错的工人，但由于违规，我还是决定解雇她。很简单，安全大过天。她没有遵守安全规定，解雇她就是一种很好的安全防范措施，既消除了安全隐患，又教育了其他员工。

我反复强调过，公司从事的是低端制造业，利润非常少，我们经不起那种因为忽视安全而带来的风险。谁忽视安全生产，我们就只能解雇谁。并不是我心硬，我也是被现实所逼迫的。

最近，公司又解雇了一个门卫，也是因为安全问题。公司车棚的大门按照规定应该固定好，不能横在路上，否则有可能会伤害到路上驾驶电动车或者摩托车的人，这是一个重大的安全隐患。这个问题我强调过很多次了，结果他还是出现了疏忽，没有固定好。于是，我决定解雇他。很多公司都是在出了安全事故以后才解雇相关负责人，而我则是未雨绸缪，对于那些有可能造成安全隐患的员工，一律严惩不贷。

我每次开会，都会先讲安全问题，教育公司的员工，我们是从事制造业的，希望大家能够重视安全生产，不要满不在乎。一旦出现安全事故，不仅会给公司带来重大的损失，员工的身体也会遭受伤害。因此，对待安全隐患一定不能松懈，只有做好了安全生产，才会给企业一颗真正的定心丸。

木乃伊

我在一本书上看到一句话：企业的最大危机，就是员工在工作中发现问题，却保持沉默。对于经营企业的人来说，这句话确实感同身受。

一般企业都会要求，不管是管理者还是被管理者，当发现问题的时候，都要及时地向公司反映。而对于那些看到工作中存在的问题，却保持沉默的人，我经常把他们比喻为木乃伊。木乃伊大家都知道，就是从古埃及留下来的那种用白布包住的硬如石头般的干尸，虽然它人形俱全，但对于外界任何刺激都没有反应。职场中有不少这样的木乃伊式的员工，他们缺乏激情，始终处于一种混日子的工作状态，这种人对企业来说绝对是有弊无利，所以，企业管理者要及时清除掉这种木乃伊式的员工，因为企业需要的是生龙活虎的人。

电动车

电动自行车行业在中国的发展始于 20 世纪 90 年代，到 2001 年，就有很多与电动自行车相关的企业了。我在 2001 年时差一点就参与制造电动自行车，但是因为涉及销售铺货、货款回收等问题，顾虑太多，导致我错失了这个机会。目前来看，电动自行车的后期发展潜力仍然很大，看来我的思想还是保守了，有点可惜。

不过，我在这里讲述的关于电动自行车的故事，其实是想说明一个管理方面的问题，就是管理者首先要明白自己是管理者，管理者不是旁观者，而是主动作为的局内人，应该有激情地去管理，而不是麻木冷漠。

我以前雇佣过一个女士，从事采购工作，她的工作效率还算正常，能够完成公司的日常采购任务。那个时候，我一般下午不到公司上班。有一次，我下午约人谈合作，等快下班的时候来到公司，就惊奇地发现，有人竟然在还没到下班的时候就把自己的电动自行车推到大门口，这样等着下班的铃声一响起，就可以马上骑车回家了。我清楚地记得，那是一辆颜色漂亮的电动自行车，停在公司大门口，非常扎眼。而公司的其他管理人员，以及门卫，都抱着漠然的态度对待这件事。当然每天都是这样，只是我下午不来公司，所以一直没发现。经过询问，我才知道是这位女士的。那个时候，我就清楚应该解雇她了。时间过去不久，她因为生孩子，回家休产假去了。在她休假结束之前，我派人通知她，公司不欢迎她回来，于是，她就这样离开了我的公司。

从这件事情来看，员工固然有员工的问题，但是管理者也有自己的问题。作为管理者，必须履行自己的责任，不能害怕得罪人。当你不能行使自己的管理权的时候，那么你就只有一条出路：去做一名顺服的被管理者。

这件事过去最少有五年了，但直到现在我还是念念不忘，因为它让我更深刻地认识到，一个好的公司，首先需要一个强有力的团队，去管理那些缺乏自觉性的员工，同时要及时清除掉那些不遵守公司纪律的员工。古人有言，"流水不腐，户枢不蠹"，同样，企业管理也应该是一种动态的、持续改善的过程。

诺亚方舟

诺亚方舟的故事记载于《圣经》里，讲的是诺亚知道了未来会发大洪水，他就努力建造了一艘大方舟，来抵御洪水。当然，这个洪水不是一般的洪水，而是滔天洪水，是能够灭绝一切的洪水。诺亚每天都在努力打造这个方舟，花了十年时间，终于建成。后来，滔天的洪水来了，诺亚和家人，以及一些动物，因为待在方舟里，得以安全。这个故事说明，既然洪水肯定会来，那么最好的选择就是努力建造方舟，而不要一味考虑洪水到底什么时候来。

大约在十年前，我发现公司的汽车上缺少灭火器，于是马上安排，让人把公司的七辆汽车都配备了车用灭火器。很巧的是，不出一周，公司的一辆皮卡车在去黄岛开发区送货的路上出现电路故障，自燃了。幸亏车上刚配了灭火器，司机马上用它解决了问题，保住了汽车。其实，这也是我一贯的做事风格，提前做好预防工作，未雨绸缪、有备无患。

　　为了保证公司财产安全，我也非常重视安保工作。首先是公司遍布摄像头，尤其是仓库，保证没有死角。车间、仓库、办公室、食堂，全部安装有防盗门窗，并且这些地方的钥匙都由专门人员保管，下班后保存到保险柜里。公司内养有反应非常灵敏的高加索犬，以防止外来不法分子偷偷进入。在放假的时候，公司会安排两个人值班，同时安排管理人员每天来公司巡视，防止监守自盗，同时要求财务室的保险柜内不准存放现金。总之，我们公司在完善防盗措施，保护公司财产方面，从来都是不惜投入的。

　　另外，我对公司的司机也非常重视安全教育。对于喜欢开快车的司机，我坚决予以解雇。那些漠视安全生产的员工，我们给出的处理结果往往也是解雇，因为他们都是成年人了，做出一些不成熟的事情，我不愿意多费口舌去说服教育他们，直接把那些不重视安全生产的人清理出去，就是消除安全隐患的最好措施。

　　对于公司的安全生产管理来说，要靠制度、流程，而不是靠自觉。设计管理体制，就是要把人想象成是经不起考验的"罪人"，需要严格地监控。

　　我们还鼓励员工提出自己对安全方面的意见和建议，同时通过各种各样的方式，来倾听员工的声音。我经常对他们说，公司任何一个员工，在任何时间都可以给我打电话，或者直接来我的办公室找我，我对他们的反馈都非常重视。

所有这些，其实就只是为了一个目的：更好地经营好自己的公司，消除安全风险。要知道，我们在市场中处于弱势地位，我们要做的就是想尽一切办法来降低成本，同时，还要想尽一切办法来降低风险。

我们要学习诺亚的精神，对那些潜在的安全隐患提前做出预案。这样的话，即便滔天洪水来了，我们也能从容面对。

内　耗

在一个团队内部，甚至一个社会内部，都存在着程度不同的内耗。而内耗的出现，我认为都是源于大家的认知能力出现了问题。

打个比方，一台柴油机在运行过程中要消耗柴油，从而产生了功率输出。所谓柴油机效率，就是指消耗的柴油转化成多大比例的输出功率，这个问题非常关键。对于汽车行业，大家都知道日本汽车是很节油的，就是因为他们的汽油发动机制造精良，在发动机运行过程中摩擦系数很小。而对一台发动机来说，运行过程中的内耗越少，那么输出功率就越大，就表明这台发动机的性能是优良的。所以，要提高柴油机的效率，就要保证零部件的质量，包括很高的加工精度、合理的结构设计，以及优良的润滑系统，这样就可以把摩擦力减小到最低，从而提高柴油机的效率。

同理，对一个公司来说，也要降低那些阻碍公司发展的阻力，以保证自身的良好运转。不过，实际中却往往是多数人"内战内行，外战外行"，先举一个我的亲戚的例子来说。他当年非常贫困，爱人也没有工作，但他还是有点小本事的。我就找他合作，给一些公司提供五金和劳保用品，由我负责提供资金，负责谈业务，由他负责经营。开始的时候，他非常感动，也非常期待能够在经济上翻身。当时，我们谈好利润各分一半。于是，我们共同的事业开始了。经过我们的努力，生意进展还不错，慢慢走上轨道。谁料到只有短短的半年时间，他就变了，他感觉自己可以把这个生意做好，就让我出局了。但是很快，他提供给客户的产品质量出了问题，他的事业也就此结束了，他又回到了朝不保夕的状态。

在我们当地，人们都有一个共识：合伙的生意不能干。看来，有很多人都是这样，他们不太善于做正事，却非常精通内斗。

另外一件事是关于我的同学，他刚刚失去工作，手里有几万块钱，就非常积极地找我，希望一起创业。因为我在那个时候有点名气，虽然没什么钱，但就是喜欢折腾各种各样的生意，很多行业的生意都做过。

在他的反复劝说之下，我们开始了合作。创业之初非常艰苦，我们租了一个车间，只有100平方米，我和几个工人住在车间里，夏天热得要死，最难熬的就是冬天，太冷了。就是这样，我也不敢放弃，因为我把家里的钱都投入公司，买了设备。我的这个合伙人占的股份不少，接近四成，但是他在外出销售的过程中，却经常会拿一些票据回来报销。真是让人匪夷所思，很多时候不是亲身经历过，我都不会相信。

当然，这样的例子还有很多，合伙创业真的是不容易，困难不仅仅来自竞争对手的压迫，还有公司内部，尤其是合伙人的内耗。

后来，经商的时间长了，我理解了很多事。有些人之所以这么喜欢内耗，主要是源于他们的认知能力不足，不能理解真诚合作的重要性。其实内耗对于每个人都不利，但是他们就是想不明白。很多时候，我都在耐心地劝说他们：不要内耗，我们的事业会越来越好，但是他们瞪着两只眼睛，就是听不进去，于是最后只能分道扬镳。

德鲁克说

德鲁克的管理学，值得每个管理者认真学习。我在网上看到一个视频，是关于海尔CEO张瑞敏的，他对德鲁克的管理学体会就非常深刻，非常认同德鲁克的观点，由此也可以看出他在管理实践过程中确实受益匪浅。

德鲁克有一个观点，值得我们好好思考。他说：成为卓越的管理者，通过学习是可以做到的。

这个观点，虽然我个人认为是对的，但也很容易让人误解。每个卓越的管理者都必须通过学习，尤其是学习如德鲁克等管理大师的先进管理学，再认真地反复实践，然后才能成为卓越的管理者。但是，能够做到这一点的仅仅是少数人，多数人通过学习，还是无法理解。当然，成为卓越的管理者本身就只有少数人才能够做到。就像我们都知道的现实中的一个常识：通过学习数理化知识，就可以成为科学家。这个观点是对的，但是能够学好数理化知识的人，是极少数的，能够成为科学家的人更是少之又少，甚至只有几万分之一的概率。

在企业管理中，那些卓越的管理者，在实践过程中会发现自己的短板，也懂得通过学习来弥补、提高自己。这反映的就是学习的能力。不过，也有很多应聘者来企业应聘重要岗位的管理者，或者提出很高的薪水要求，但是他们不看书、不学习，不具备学习的能力，他们的管理就是靠经验。直截了当地说，这种人根本不懂管理，在管理岗位上就是尸位素餐。

所以，我们在考察一个管理者是否合格的时候，学习能力是一个非常重要的标准。具备学习能力的少数人，可以成为合格的管理者，而极少数人会成为卓越的管理者。

目前来看，很多企业之所以人浮于事，发展缓慢，就在于有那些不具备管理能力的人在从事管理工作。

全季酒店

经商 20 年来，我经常天南地北地跑业务、谈生意。在出差过程中，我住过不少酒店，简直就是一次次"酒店历险记"，想想其中的酸甜苦辣，也非常有意思。

一、普通宾馆

刚开始创业的时候，也就是 2001 年前后，每次出差找酒店对我来说都是一件非常头疼的事情。那时还没有连锁快捷酒店，所以每到一个陌生的城市，就需要到处坐着出租车找酒店。而出租车司机往往会推荐自己认识的酒店，但他们推荐的酒店，基本上都是价格高且质量很差的。很多时候，我坐着出租车找了几家酒店，都是一样，价格很贵且设施陈旧。

拖着行李，一家家地找酒店，确实很无奈。出租车司机都是和很多酒店有合作关系的，所以想靠他们找到一家物美价廉的酒店，确实是一件很困难的事情。尤其是晚上到达一个陌生的城市时，那种感觉就更无奈了。

我经常是在看过四五家酒店后，才能找到一家稍微满意的酒店。而这样一番折腾下来，常常已经是半夜了。那时没有高铁，也坐不起飞机，所以出差找酒店是一个非常困扰我的问题。

二、锦江之星酒店

2003 年以后，开始有了快捷酒店，比如锦江之星，价格不贵，房间也非常干净。锦江之星酒店的出现，彻底解决了之前困扰我的问题。于是，每次我出差到一个地方，基本上都住宿锦江之星酒店。这个品牌发展得很快，短时间内就覆盖了全国很多城市。当然，期间还涌现出不少其他品牌的快捷酒店，例如如家、汉庭、7 天，也都陆续发展了起来……从此以后，我基本上就再也没有住过以前的那种普通宾馆。这样的快捷酒店模式，据说是从国外模仿而来的。锦江之星就是第一个吃螃蟹的公司，酒店管理得非常好，既干净又实惠，满足了市场需求，于是发展非常快速，而那些不注重住宿体验的普通宾馆，从此就彻底被市场抛弃，日薄西山了——这就是市场的力量！

三、全季酒店

最近几年，很多连锁快捷酒店开始发展中档酒店，基本上每个品牌都有升级版。并且，有些公司在中档酒店这个方向上，也发展出几个不同风格的酒店品牌，整个酒店市场正在向纵深发展。

在这些中档酒店里，我认为华住集团的全季酒店是最成功的。华住集团的老板季琦是一个非常厉害的人，也是第一流的产品经理。他主导的全季酒店，在竞争激烈的中档快捷酒店市场里脱颖而出，迅速发展起来。有些品牌的中档快捷酒店，装修也非常有特色，但是我住过几次后，就发现房间总是有一股装修的味道。即便装修了两年以上，还是有很重的味道，令人失望。

市场经济是由顾客来选择的，于是，我个人最终选择了全季酒店。全季酒店在每个细节上都做得非常好，甚至早餐的大米粥也是季琦本人非常重视的。他们找来了各种大米，试验了很多次，终于找到一款合适的大米，并且要求煮的时间必须到位。由此可见，季琦是一个非常用心的人。从全季酒店的经营中，我看到了季琦对住宿行业的认知之深，他知道顾客需要什么。在全季酒店房间内，都提供有精致的茶具，包括两种茶叶包，这些都非常有特色。同时，顾客还可以在网上选房间，非常方便。另外，还可以延迟退房两个小时，等等。当然，在全季酒店退房的时候，也不需要核实房间情况，体现了对客户的信任和尊重。从这些细节上，就可以看出季琦的经营理念和情怀，可以看出他对于产品设计的独出心裁，对于服务细节的孜孜以求，这些都非常令人敬佩。

世界上总是有这样的人：他们在创造奇迹、引领潮流，他们总是示范给我们，在市场经济中，我们应该怎么做，才会在激烈的竞争中立于不败之地。而每次住全季酒店的体验，也都在提醒我自己，应该多多学习季琦这种一丝不苟的工作态度。

从酒店行业近20年的发展历程中，我们不难看出：在完全自由竞争的市场中，只有那些认知能力高的人，才会最终成为胜利者。因此，我们在做每件事的时候，都要问问自己：我们的目的是什么？如果是为了企业发展，那么我们唯一应该做的就是把客户的利益放在第一位，而且要超出客户的预期。

沟通的有效性

沟通有效吗？在我看来，在企业管理中的沟通，有些时候作用并不大，甚至往往是无效的，是徒劳无功。

中国有一个成语"对牛弹琴"，说的就是这个道理。既然牛不懂琴声，那么对着它弹琴的人就是在白费力气。巴菲特也说过一句话："你真能向一条鱼解释在陆地上行走的感觉吗？"都是一样的道理。

在现实生活中，对于沟通这种方式，我们还是不要有太复杂的想法。好的沟通始终建立在价值观一致的基础上。对于那些价值观不一致的人来说，我们要用他们能够理解的方式去沟通——和优秀的人谈公司的发展前景，谈股权激励，谈战略，谈用户至上；和普通的员工谈工资，谈福利待遇，谈住房补贴，谈升职加薪。

我相信，很多年轻人都和自己的父母家人有过冲突，本质上就是因为思想不一致，导致无法沟通，往往是父母根本听不懂自己的孩子在表达什么。以前胡适先生在北大教书的时候，北大教授们都流行"老子不管儿子"，也就是家长不去干涉孩子的选择。这也说明，这些教授都是明白人，他们知道自己在做什么。

所以，不要试图说服那些思维僵化的人。我们从事管理工作，要充分认识到这一点，不要花力气去和那些听不懂的人沟通，而是要多与那些有智慧的人沟通。

头等舱

坐过飞机的人都知道，飞机上的座位是有区别的，分为头等舱和经济舱，相应的待遇不一样，价格一般也相差一倍以上。有些航空公司为了追求利润，把头等舱的待遇搞得非常夸张，让那些花了大钱的人感觉物有所值。

网上曾经流传一句话，我感觉非常有道理：在这个竞争激烈的时代，你要获得成功，只有两个选择，创建一个团队，或者加入一个团队。假如你是一个高智商的精英，那么符合你利益最大化的选择就是创建一个团队，并且主导一个团队，这种人就是头等舱乘客，就是社会上的精英阶层。而智力一般的人，符合他们利益最大化的选择，就是加入一个团队，跟随那些精英人士去打拼。除了这两种，其余选择的结局基本都是失败。

我们在社会上打拼，竞争是主流，所以首先要认清自己的能力。如果我们自认为是精英，就可以去创业，去组建团队，去市场上竞争，打败竞争对手。假如我们能力一般，就可以加入一个好的团队，跟随一群很棒的精英分子，在团队里勤勤恳恳、任劳任怨，践行工匠精神，最终我们也会成功，取得胜利。

很多人之所以会遭遇挫折、失败，就在于他们既没有能力，又不好好吃苦、践行工匠精神，但又幻想着坐头等舱。于是，他们一直在纠结，浪费时间，最终被这个社会所抛弃。

那些无能的人总在呼唤平均主义，但他们不知道，人们的智力并不平等，这个世界也不存在平等。我们应该认识到这一点，做出更正确的选择：你是一个精英，就去做大事；你是一个普通人，就去践行工匠精神，把普通工作做好。这样一来，在企业里，精英和普通人就会和谐相处、共同发展。

诸葛亮

读过《三国演义》的人都知道，这部小说的男主角之一就是诸葛亮，书中给了诸葛亮极高的评价。唐代大诗人杜甫也对他非常推崇，特地写了一首诗——《蜀相》。

丞相祠堂何处寻，锦官城外柏森森。
映阶碧草自春色，隔叶黄鹂空好音。
三顾频烦天下计，两朝开济老臣心。
出师未捷身先死，长使英雄泪满襟。

这首诗写得非常大气、非常感人，也是杜甫最好的作品之一。诸葛亮之所以受到人们的推崇，原因有两个：首先，诸葛亮拥有卓越的军事才能，在当时是天下第一等的；其次，诸葛亮的品德非常好，真正做到了"鞠躬尽瘁，死而后已"，他是中国历史上非常罕见的忠臣。

不过人无完人，我今天就抛开他的所有优点，来谈谈他的一些缺点，这也是很多人所忽略的，却对我们管理企业很有启发。

第一，诸葛亮最主要的特点就是忠，不过我认为它更多的是偏于古代社会的一种"愚忠"。当然，在那个年代，这是一种普世价值观，即使曹操也不敢违背这个观念，只能"挟天子以令诸侯"，不敢自己上位取代无能的汉献帝。因为当时多数人都信奉儒家"君君臣臣，父父子子"的伦理观，君臣关系更是这个伦理观的核心，所以，德才兼备的诸葛亮对于昏庸无能的阿斗，终究还是以顺从为主，这也是后世对他有所诟病的原因。

刘备在临终前曾提示过诸葛亮，如果感觉阿斗不行，他就可以取而代之。可怜诸葛亮跟随刘备出生入死16年，到最后刘备还不是完全信任他，实际上刘备这是在逼诸葛亮当众表态：他会一直忠于阿斗。诸葛亮当众表白了，因为做出了承诺，他就只能"一条道跑到黑"了。诸葛亮多次出岐山讨伐魏国，来展现自己的忠诚，他的确是为刘备家族尽忠了，可四川的老百姓跟着倒霉了，死伤惨重，还要为此承担沉重的赋税。

第二，诸葛亮的管理理念有点落伍，他事无巨细都要干涉，这是有问题的。按照德鲁克的观点，高层领导要管大事，事无巨细是一种错误、落伍的管理模式，这是诸葛亮在管理上的短板。当然，也可能是因为手下人不中用。后来，司马懿根据诸葛亮的这个工作特点，判断诸葛亮必然会失败，因为他不懂得授权、不懂管理，团队内部终究会出问题。

第三，诸葛亮后期对人才的重视不够，导致一个严重后果，就是蜀国没有人才。蜀国后来都是诸葛亮主政，竟然出现了惊人的一幕："蜀中无大将，廖化做先锋"。先锋官是一个非常重要的职位，但蜀国不得不重用平庸的廖化来凑数，缺少人才，开战也就基本没有胜算了。对此，诸葛亮应负主要的责任。

我们从事管理工作，也要吸取诸葛亮的教训，相应地应做到以下三点。

首先，不要提倡"愚忠"思想，而要提倡员工成功，要提倡企业跟随员工成功。我们要搞清楚，每个员工努力工作的出发点是为自己和自己的家庭，不是无偿地给企业做奉献。靠"愚忠"思想去鼓动员工努力工作是不现实的。

其次，管理人员要重视时间管理。高层管理者要把时间用在最重要的事情上，把那些不重要的事情交给下属处理，要学会授权，不要事无巨细都去过问。

最后，在任何时候，人才都是企业最重要的财富，所以企业管理的第一项大事，就是招聘人才。

诸葛亮当然是一个伟人，但即使再伟大的人也有短板，我们分析诸葛亮的问题，不是要贬低他，而是从他的身上吸取教训，从而把我们的事业做得更好。

谈谈智商

从事管理工作多年，我逐步形成了一些自己的独特观点，我认为管理工作的核心就是用智商高的人去管理智商低的人，这才最符合现实要求。对于管理者来说，那些不仅自己有本事，智商也高，还特别努力、特别愿意践行工匠精神的人，是比黄金还要宝贵的资源。我每天都在祈祷有这样的人才出现。

当然，对于普通人来说，更需要真心实意地践行工匠精神。就以我自己的经历来说吧，初三那年，升学压力很大，在我们同龄人中，只有百分之十五左右的人能够升入高中，其他人都要回家种地，真是冰火两重天。数理化的老师们为了提高学生成绩，出的题目越来越难，经常会出现一种现象：全班60多人，只有几个人能够解答出来，而其余同学经常是大眼瞪小眼，不知从何下手。最后，初中升学考试的结果，往往也没有悬念，那些对难题无可奈何的人都被直接淘汰出局。

在高中阶段，那时的高考录取率也很低，全国大专以上学校录取的考生人数只有60万左右。全班60多人，当年能够考上大学的只有四分之一。有一次，高二的物理期末考试，题目出得特别难，结果大多数人考试都不及格。我有两个比较要好的同学，数理化成绩很差，在考试结束老师详细讲解后，他们依旧丈二和尚摸不着头脑。下了晚自习，我又耐心地给他们讲解，他们还是没法理解。那时，我就知道他们高考肯定没戏。后来，他们又复读了两年，结果还是落榜了。

我讲这两个亲身经历的故事，并不是要讽刺那些智力一般的人，而是要说明一个道理：像我们这样智力不是太高、心理素质又不是太强的人，不需要自暴自弃，我们还有一条很好的出路，就是认真对待工作，心甘情愿地践行工匠精神。我们做不了刘备、曹操，但是我们可以做关羽、张飞，甚至是普通的士兵。然而，现实中的多数人却不这么想，他们明明智力一般，却非要去做大事，想做刘备、曹操，但最终他们往往会从一个失败，走向另一个失败。

姑　姑

开始创业的时候，我先是在潍坊南部打拼了四年，也算有点小成绩。后来，因为思乡心切，就把公司搬回了我的家乡胶州。

到了老家，招工的时候就来了很多亲戚朋友。他们在公司从事不同岗位，多数人的工作态度还是不错的。但是，林子大了什么鸟都有，不久便出状况了。我有个本家姑姑，她在车间工作，负责铆钉的装配。那时候都是手工装配，按计件制，每天下班都要用电子秤来称铆钉的重量，以此来计算她们一天的收入。当时都是女性员工，仅有几个是外地来的。由于这几个外地员工很努力，装配的铆钉质量也很好，所以公司对她们非常重视。这么多年来，我经营企业有一个习惯，就是经常强调不准本地员工歧视和辱骂外地员工。这是我们公司的一条高压线。同时，我也鼓励外地员工，如果在公司内外受到当地人欺凌的时候，一定要告诉我，公司会支持他们，也会采取措施帮助他们。

我的这个姑姑因为年龄有点大，手脚有点慢，所以导致她每天的工作量是最少的，总是垫底。于是，她就经常在车间里骂街：钱都让"外地驴"赚去了，"外地驴"是穷疯了。我们当地老百姓骂别人是驴，是很侮辱人的。过了一段时间，有人告诉了我这件事，一开始我还不相信，因为我已经开会反复强调过禁止这种事。但是，经过认真调查，我发现姑姑已经有很多次类似的行为了。其实，姑姑是一个实在人，也是我的长辈，她想当然地认为我不会解雇她，所以才有些肆无忌惮。但是我并没有受到亲情的干扰，马上决定解雇了姑姑，并且予以罚款张榜公布，又把全体员工召集起来开会，再次强调：任何人都不准欺凌别人，尤其不准欺凌外地员工。企业是以盈利为第一目的的，那些由着自己性子胡来的人，我们一定会对其采取强硬的手段。

后来，这种歧视外地员工的事，在我们公司里就基本绝迹了。因为员工们都看到了，公司的管理是认真的。当然，公司也赢得了广大员工的支持，尤其是那些外地员工，更是感受到了公司的诚意。

有时候回想起来，我其实也挺感激姑姑的，她"以身试法"，失去了工作，却使公司在其他员工心目中树立了良好的形象。从事企业管理，是一个不断学习的过程，每个员工都是我的老师，即使不断地有人犯错误，但是从另一方面也教会了我应该如何管理企业。

陈世美

包拯是一个清官，一个公正廉洁的人。老百姓们提到包拯，就会不可避免地说说陈世美。陈世美发达以后，要谋杀他苦命的妻子，事情失败后被包拯用铡刀杀了。这是一件大快人心的事情。

陈世美是一个不守信用的人，考中状元后，为了攀高枝，就要谋杀自己的糟糠之妻，行为确实很恶劣。但是，我们反过来想想：他的糟糠之妻秦香莲就没有一点问题吗？

有人说，有了钱的男人就会变坏。其实，这样的男人在没钱的时候，也好不到哪里去。秦香莲当初被陈世美的才能所迷惑，相信他会发达起来，她也会跟着"一人得道，鸡犬升天"，但她忽略了一点，陈世美并不是一个诚实可靠的人。在陈世美贫困潦倒的时候，他品德上的瑕疵是不明显的。一旦他考中状元，实现阶层跃升，他品德上的瑕疵，或者说品德上的硬伤，就暴露出来了。首先受害的就是给他提供了很大帮助的秦香莲。所以说，选择比努力更重要，秦香莲一开始在选择上就错了，那么她或多或少也要为自己的选择承担后果。

像陈世美这样的人，在社会上还有很多。其实，这也是一种自然现象，就像没有猫的话，老鼠就会随处可见。我们该如何看待这个问题呢？那就是在选择的时候，要端正态度、拒绝诱惑，要多问问自己最在意的是什么，从而做出一个好的决定。

同样，企业雇佣人才的时候，首先也要关注这个人的品德，其次才是才能。在现实中，有些品德差的人往往都是有点能力的，或者看起来有点本事。如果我们拒绝这样的人，会感到很惋惜，因为他们可能会给企业带来很多业绩。但我的观点是，有本事但品德差的人固然会带来业绩，但更多时候，这样的人来公司工作以后，他不会将他的能力全部发挥在工作上，而是把他的那点聪明才智，融合他的不善良，用在对付公司上，他造成的危害要远远大于他的那点业绩。所以在一开始，我们就要横下一条心，拒绝录用这样的员工。

反之亦然，如果你是一个有能力的打工者，到一个公司应聘，也要看看这个公司的老板是不是诚实守信。否则，即使你做出了巨大贡献，老板也还是兑现不了当初对你的承诺，你终将"竹篮打水一场空"，为别人作嫁衣。

所以，当原则和利益产生冲突的时候，我认为最好的选择就是坚持原则、舍弃利益。没有建立在原则基础之上的所谓利益，都只是空中楼阁。

朋　友

以前我有一个朋友，初中毕业，看起来很聪明，常常表现出自命不凡的样子。他经常和我们说，他没有考上大学，是因为在初中太贪玩了，而忽视了学习。而且由于家庭条件稍微好点，他也就没有太多的学习动力，所以最终只拿到了初中毕业证。当时，在场的人都相信他说的话，也相信他是一个很聪明的人。

后来，他还是经常这样说，借此表达他是一个怀才不遇的人才。我慢慢地有点疑惑，一个真正的人才，会不断地靠这样的借口来抬高自己的身价吗？

经过一番思考，我终于明白了。其实像他这样的人，社会上还有很多，他们总是在自欺欺人。说实话，就凭他这样的脑瓜子，即使在中学时代努力学习，也还是考不上大学的。他之所以不努力，恰恰是因为他发现自己学不会，然后就彻底放弃了努力。很多时候，一群人一起上学，用一样的课本，听一样的老师讲课，但最后考试成绩出来往往有天壤之别，这就是因为智商的不同。

三国时期，诸葛亮读的兵书，其实很多人都读过，但是为什么只有诸葛亮读得更明白、更加透彻？他成了著名的军师，成了丞相，而其他人却什么也不是。

同样，从事管理工作的人员，也都会去学习书里的那些管理知识，但领悟的道理还是不一样的。于是，有些人成了卓越的管理者，而多数人依旧碌碌无为，始终是被管理者。这也是因为智商不同而已。

我们要认识到自己是什么样的人，从而找到一条适合自己的路，这才是最重要的。

女同学

前些年，中国很流行的武侠小说作家，有两个人最著名，一位是金庸先生，另一位是古龙先生。古龙的武侠小说里有一个重要的概念，就是在江湖上，绝对不能小看老人、残疾人、女人和小孩子，他们虽然外表柔弱，却往往是身怀绝技的人，动辄就会狠下杀手，非常危险。

我有一个中学同学，上学的时候我们关系就很好，所以一直都有联系，我也非常相信她。在 2008 年金融危机时，我趁着钢材、水泥等建筑材料都处在低位，人工费也非常便宜，就在公司建造了一幢 500 平方米的办公楼和一个车间。在办公楼建造结束后，开始装修阶段，我就去找我的这个女同学买瓷砖。为了提高办公环境，我选了那种比较高档的一米见方的瓷砖，价格还很高。我当时跟她说好了，必须要特级品瓷砖。同样品类、规格的瓷砖，根据质量不同分为四个等级，我订购的是最好的。结果呢，这个女同学给我的却是等级最差的那种。由于没有经验，直到瓷砖安装好之后，我才发现地面整体不太平整，存在很大的问题。所幸的是当时货款还没有支付，后来我就和她谈判，扣了一点钱，把其余货款付给了她。当时协商的时候，她的态度很好，反复认错、反复央求。但是，等拿到全部货款后，她就反过来开始污蔑我不讲情分，不讲信用，等等。

就拿这件事来说，我认为古龙先生的结论有点道理，不能小看那些表面上看起来柔弱的人，其实他们内心无比强硬。很多时候，按照我们单纯的想法，就是他们处于弱势，应该都是好人，心地善良，其实我们错了。在社会竞争中，也许是我们处在一个有利位置，所以不是那么重视一些机会，但对于有些人来说，他们缺少机会，一旦有很小的获利机会，他们就会露出锋利的爪子和牙齿，不顾一切、义无反顾地去掠取——这就是人性的贪婪。

当然，这件事过去很久了，她对我公司的影响也是很有限的，我现在并不是要去谴责她，而是想告诉大家要多反省自己，在很多时候我们的思想还是太传统。我们天真地相信既然是同学，就不会欺骗你，或者看起来漂亮的女人都是善良的人，她们不会伤害你。其实，这些观念都是我们自己想象出来的，是我们自己太天真了。有人的地方，就有江湖，那些看起来慈眉善目的人、慷慨激昂的人、满口仁义道德的人，或者贫困潦倒的人，我们都很容易信任他们，不提防他们，但他们往往会在某些时候狠狠地坑我们一把。

所以，古龙先生在小说里的一些说法，在现实生活中还是很有参考意义的。

年羹尧

清朝雍正皇帝在位的时候，出了一位很有军事才能的将领，就是年羹尧。随着他的不断努力，被朝廷委任为统辖西北四省的大将军，负责镇压西北那些少数民族的叛乱。在当时，他的军事才能确实是最好的，就连雍正皇帝也不得不倚仗他，而得势之后，他多年压抑的情绪开始释放出来，穷奢极欲，任人唯亲，甚至要挟朝廷，皇帝心急火燎，他偏偏不急着去平定叛乱。这确实让朝廷处境艰难，但一时半会只能任他摆布。当然，年羹尧也把自己逼上了绝路。后来，他还是要平定叛乱，等到叛乱分子都被消灭了，年羹尧的末日也就来临了。

其实，这样的事在历史上屡见不鲜，往往最后吃亏的都是像年羹尧一样的人。

我在企业管理过程中也遇到过很多次这样的事，有些员工就利用自己的能力来要挟公司，用北方话叫作"拿把"，就是利用自己的那点优势，或是掌握一点销售渠道，或是仗着自己技术好一点，他们就忘记自己是谁了，极度膨胀，不愿意遵守公司纪律。他们对公司的工作指令装聋作哑，甚至直接顶撞上级，着实令管理者头疼不已。

我以前在潍坊创业的时候，雇佣过一个年轻人，刚开始的时候他非常愿意学习生产技术，这种技术虽然不是特别难，但还是有些难度，笨一点的人学习两年也未必能学会。他为了学习技术,对掌握技术的师傅非常好,经常给师傅买烟,希望能够得到师傅的亲手传授。当然,那个时候他也是公司年轻人里最聪明的,又这么喜爱学习技术,所以我就经常鼓励他,也给他创造条件。他用了不到一年的时间,就基本掌握了技术。但接下来,他就像变了一个人,工作不再那么努力认真了。那个时候公司的规模还很小,只有十几个人,资金实力也不行。所以对他的管理基本就要靠哄,所有人都要看他脸色。那个时间段,是公司很困难的时候,却是他作威作福的时候,是属于他的黄金岁月。

这样的好日子,他并没有安享多久。后来,公司懂技术的人越来越多,公司实力也越来越大,他的末日也就到了。但他浑然不觉,依旧不认真工作,每天忙着玩手机,对待产品质量也总是敷衍了事。我记得那一天,七月四日,他负责的技术工作又出现了问题,他的态度依旧是满不在乎,他认为公司不敢认真处理他。但这次他错了。当他对我的耐心劝导再次不屑一顾,想潇洒地离开办公室的时候,我叫住了他,很严肃地告诉他:你被解雇了,马上去人事部门办理手续。当时,他惊呆了,他不敢相信好日子就这么结束了。

我说这个故事,是要告诉那些创业者,如果在刚开始创业的时候,公司出现了"年羹尧",切记不要慌乱,而要耐心等待,努力改变现状。那些不善良的人,无论他们的才能有多大,都不会和创业的人一起努力,而是会努力损害我们的事业。很多时候,老板会非常纠结,那些忠厚老实的员工往往能力不足,而那些有点能力的员工,却有可能又是一个"年羹尧"。所以,我们要去努力寻找那些德才兼备的优秀员工。我们要重视那些不仅有才能,同时还很善良、正直的人,这样的人才是公司最宝贵的财富。

有人的地方就有江湖，创业的路上肯定会遇见"年羹尧"，并且可能不止一个。当你欣赏那些有才能的人时，你一定要记得仔细识别他是不是又一个"年羹尧"。

第三部分

论人才：寻找"嗜血"的勇者

大白鲨

管理者首先要具备什么素质？我们这些企业主，自己是好的管理者吗？我们应该选择什么人来当管理者？弄清这些问题，对于企业主来说是非常重要的。

当然，中国的古人早就回答了这个问题。2500年前，孙武在《孙子兵法》中就提出："将者，智信仁勇严也。"说的就是要成为一个优秀的将领，管理好自己的军队，就要具备"智信仁勇严"这五种素质。这个要求其实很高，管理者需要智勇双全，既要脑子转得快，也要胆子大，还要有管理别人、处理问题的智慧。

按照我自己的管理经历和感悟，我认为管理者不但要善于管理，同时又要敢于管理。那么，这两者哪个更重要呢？我个人认为，要成为一个好的管理者，首先就是要敢管，不怕事、不心软，就像古人说的"慈不带兵"一个道理。我们公司就有一个管理人员，因为实施严格管理，结果受到那些不良之人的报复，停在家门口的汽车玻璃被砸碎，汽车车身被泼上油漆。但是，这个管理人员没有被吓住，自己跑去修好汽车，还在门口安装了摄像头。然后，在公司里一如既往地严格管理。我认为，这才是第一流的管理者，任何公司都需要这样的管理者。这些年来，我们公司有的管理者还被品德差的员工打过耳光，甚至被有些员工当面诋毁为"走狗"，但是他们并没有退缩，反而更加努力地管理，他们才是企业最有价值的资源。这个世界上，只有那些卓越的管理者，才会受到企业的重视，才会丰衣足食。

我们从事管理的时候经常会遇到各种挑战，那些能力不行、害怕吃苦、人品低劣的人，在背后会说我们的坏话，造谣污蔑，破坏私人财产，甚至当面威胁我们，对我们进行人身攻击。遭遇这些压力的时候，就是考验我们是不是一个卓越的管理者的时候。

我相信多数人是经不起这种考验的，所以仅仅是从勇气的角度来衡量，就可以淘汰掉多数人。也就是说，只有少数人才具备管理者的素质，用一句管理学的名言来说就是："管理者是天生的"。

一个性格懦弱、胆小怕事的人，是不能担任管理者的。我经常鼓励公司的管理者去看美国电影《终极搏斗》，尤其是第三部和第四部。当电影中的主角博伊卡面对压力，在拳击场上被人打得遍体鳞伤、血流满面的时候，他总是会挣扎着站起来，继续战斗。博伊卡被对手打得脸上血肉模糊的时候，自己脸上流的血反而激发了他更强烈的斗志——这就是他每次都能够坚持下来，并取得最终胜利的原因。

对于创业者来说，我们就是需要这样的管理者。面对压力，屡战屡败、屡败屡战，压力越大，工作的动力就越大。对于我自己来说，当公司的竞争对手要把我打倒的时候，当有些不认真工作的员工威胁我的时候，这都是对我的考验。这时，我就会想起博伊卡说的那句话："每次遭受这样的挫折，我都认为这是上帝在考验我"。失败吓不倒我们，威胁吓不倒我们，只会激起我们更大的斗志。

因此，今天我探讨的这个问题——管理者首先要具备什么素质？答案就是，一个合格的管理者，首先要有勇气，只有敢管，才能管好。

目前看来，很多人之所以不能成为合格的管理者，主要原因就是缺少勇气，胆小怕事、懦弱无能。说得直接点，这样的管理者根本就不是管理者，因为他们身上不具备管理者的基本素质。尽管他们在语言上强硬严厉，但是在具体管理中总是逃避责任，压力一来，原形毕露。公司还指望着他们建功立业，迎难而上，那简直就是妄想。

在企业管理中，我们需要的是那种"嗜血"的勇者，需要的是意志坚定、百折不挠的销售经理，需要的是善于讨价还价、斤斤计较的采购人员，需要的是管理严格、杀伐果断的车间主管，需要的是善于寻找人才、甄别人才的人事经理……总之，我们的企业中绝对不能重用那种老好人、烂好人。

我觉得，就像电影《大白鲨》中的鲨鱼一样，闻到血腥味就会立马兴奋起来、行动起来，好的管理者在遇到困难、面对压力时，也会马上兴奋起来，激发出更大的斗志。只有这样的人才会给企业带来实实在在的业绩，他们才是企业的宝贵财富。

我们要重视企业里那些勇敢的"大白鲨"。卓越的管理者，应该首先并且始终是一个有勇气的人。

关于人才

企业管理的核心就是：重视人才。

一、人才是最重要的因素

对于企业经营来说，有几个因素很重要：产品、技术、人才、设备、资金、厂房，但是，我认为其中最关键、最重要的因素，就是人才。人才招聘是企业管理的核心。目前看来，能认识到这一点的企业很少，也或者是那些本事大的企业主太自负了，他们光看到自己的能力，而忽视了对人才的重视，最终使企业发展受到严重的束缚。

二、任正非说人才

任正非说：那些要等到有了钱才会重金聘请人才的企业，是不会真正有钱，不会发展起来的。他说的意思就是，企业要发展，即使在资金状况不是太好的情况下，也要狠下心来，花大钱去聘请人才，这样企业才会有前途。当然，真正能够做到这一点的人只是凤毛麟角。没钱的时候，敢于花大钱雇佣人才，确实需要非凡的魄力，同时也需要非凡的智慧。

任正非说过的另一句名言是：华为不缺人才，钱给多了，那些不是人才的也就成了人才。这句话说得很直白，给予员工足够的钱、足够高的待遇，会极大地激发员工们的激情，他们就会把自己的能力发挥到极致，于是企业也就随之发展起来了。战国时代的《商君书》上就有此说："重赏之下，必有勇夫。"当然，重视人才却不舍得给员工发钱，又要马儿跑又不想马儿吃草，这样的糊涂老板，在现实中也有很多。

三、什么是人才

什么是人才？其实是没有明确标准的。按照我自己的定义和标准，人才就是他能做多数人做不到的事。用柳传志说的话就是：所谓人才，就是你交给他一件事，他很快做好了，你再交给他一件事，他又很快做好了，这就是人才。人才是那些能够完成有困难的事情的员工，是那些能够独立思考，有学习能力、创新能力，有韧性的人，这也是华为公司倡导的一种人才观。

人才又分为技术人才和管理人才，技术人才包括科学家、工程师等。我个人觉得，管理人才是更高层次的人才，对企业来说是最重要的。

四、招聘工作

对于招聘工作，我的体会是：要招聘到人才，首先招聘者自己必须是人才，只有一流的招聘者，才会招聘到一流的人才。所以，很多企业安排普通文员来负责招聘，就是忽视了这个问题。招聘工作应该是老板的工作，在西方国家成熟的企业里，负责人力资源管理的副总裁，在企业中往往都是排名第二，要高于那些负责销售、财务、生产、技术等副总裁的位置。他们这样安排，也是符合实际情况的，这是市场经济长期发展带来的结果。

五、重视人才

目前，越来越多的企业都在内部呼吁重视人才。那么，到底要如何重视人才呢？首先，要给人才施展才华的机会，即要学会放权，让人才能够拥有自己的发挥空间。当然，更重要的是，企业要在利益分配方面偏重人才，要让那些人才赚到更多的钱，或者进行股权激励，让他们成为股东，成为合伙人，成为企业的主人。记住，人才是企业最宝贵的财富，而那些厂房、设备、技术、销售渠道、品牌，统统都不是！多数企业就是因为没有意识到这一点，所以他们往往会把自己的人才赶到了竞争对手那里。

六、怎样甄别人才

我见过太多的求职者了，那么，我是怎样甄别人才的呢？首先，要品德过硬，按照目前的说法就是三观都要正确；其次，要有真本事，用目前最流行的话来说就是有创新能力。

七、不是人才怎么办

我多次说过，只有那些具备领导能力的人，他们才能够胜任管理者的角色，其余人就只能是被管理者。那么，不是人才的被管理者的出路，又在哪里呢？我以前也反复强调过了，他们的出路就是践行工匠精神，像德国人和日本人那样，把自己的工作做到极致。如果能力很差，又怕吃苦，不甘心乐意地做被管理者，更不愿意去践行工匠精神，这样的人只能拥有另外一个名字：失败者。

八、比尔·盖茨说人才

比尔·盖茨说：以前，我以为一个优秀员工的价值等于10个普通员工的价值，现在看是我错了，其实至少是50个普通员工的价值。由此看来，公司不仅仅要重视普通员工，要更重视那些能够管理普通员工的优秀员工。

所以我认为，企业要想成功，只有一条路：重视人才、找到人才，支持他们、留住他们，让他们成为合伙人，让他们成为企业的主人。

谈谈认知

孔子说："三人行，必有我师焉。"意思就是，即使在任意的几个人身上，都有值得我们学习的地方。孔子的说法是非常有道理的，我们要抱着开放的态度，看到别人的长处。苏格拉底也说过：我唯一知道的就是我自己一无所知。这两位不同国别的古代哲学家都有着一个相同的认知，另外也表达了一种谦虚的态度。

我在这里也说说有关认知能力的问题。"认知"这个词，最近几年特别流行，其实拿它来分析企业管理工作，也是特别有意义的。

认知分为三个层次。

第一，知道自己知道。这部分人是极少数的，他们在任何一个企业中都应该是管理者，都是上层，他们是那些坐轿子的少数人。

第二，知道自己不知道。这些也是有智慧的人，他们知道自己不是很聪明，便会选择对自己最有利的发展方向——践行工匠精神。

第三，不知道自己不知道。这部分人不知道自己笨，反而妄想要去做管理者、去坐轿子，但他们又没有那个能力，于是，他们开始各种折腾，最终往往是一个失败接着又一个失败。说得简单点，就是他们的认知能力不高，达不到坐轿子的水平，却总喜欢惯着自己，不甘心去抬轿子。

就企业管理而言，我们首先需要那些知道自己知道的人，他们是人才和管理者。其次，我们也需要那些知道自己不知道的人，他们是企业发展的基础，身为普通员工，却始终践行工匠精神，保证产品质量的稳定性。最后，对于那些明明很笨，却幻想在企业里从事高级管理工作，但又怕吃苦，不愿意践行工匠精神的人，企业必须坚决予以解雇。

企业管理如果要出效益，就要认真对待前面的两类人，同时要坚决清除掉第三类人。

不变的人性

"大千世界，无奇不有。"这个社会上的人各式各样，不过，从对待利益的角度来看，大致可以分为四种人。

第一种是圣人，他们具备孟子所说的"舍生取义"的高尚品质，当然，"舍生"并不限于舍弃生命，也包括与生命同等重要的个人利益。这样的人在现实生活里肯定存在，虽然我还没遇到过。

第二种是好人，就是首先维护自己的利益，同时也尊重别人的利益，愿意去维护别人的合法权益。我一直以来都想要做这样的人。这个标准相对于圣人来说是低了一点，但是比较可行，符合实际情况。

第三种是凡人，他们只知道维护自己的利益，而对别人的利益漠不关心，甚至为了获取更多利益，偶尔会去侵害别人的正当利益。在现实生活中这群人的占比还是比较大的。

还有第四种人，他们是彻底的坏人，从来不知道别人的合法权益是什么，毫无善念，他们就像自然界中的毒蛇猛兽一样，到处为非作歹，我们稍不留意就会被他们伤害。

我们要想生活得幸福一点，首先就要研究我们所处的社会环境，研究各种各样的人。要知道谁是我们的朋友，谁是我们的敌人；我们自己要做什么样的人，并且如何把第二种的好人团结起来，组成团队，然后再去驱动和管理好第三种人，也就是凡人。同时，我们也要识别清楚第四种人，他们是我们大家的共同敌人，要狠狠地打击他们。其实，很多时候好人很被动，就是因为他们没有组织起来。我们要做的，就是把好人团结起来，屏蔽坏人，不给他们任何机会，不要去帮助他们，因为他们在本质上都是"中山狼"。我们很多时候都会抱着幻想，相信坏人会痛改前非，这是我们经常遭遇挫折的主要原因。

总结来说就是：第一，可以相信有圣人；第二，对好人要更加慷慨，要加倍重视；第三，对凡人要提防、要监管，但不要抱有太多期待；第四，对坏人要屏蔽、要清除。

聪明人和笨人

一家企业到底要采取哪种发展方式，实际上，这涉及如何平衡这个企业中的聪明人和笨人的关系问题。人人平等的观念深入人心，但客观来说，人人其实是不可能平等的。例如，一个班级的同学，学的是同样的书本，由同样的老师来教，但是他们的考试成绩就存在很大差别。这是因为，每个人在智商上是不平等的。智商不平等，在激烈的市场竞争中，就会产生巨大的结果差别。聪明人因为智商高，所以他们会支持自由竞争，因为自由竞争带来的结果往往是"赢者通吃"。而那些不太聪明的人，往往不愿意自由竞争，因为在自由竞争中他们极有可能成为输家，所以他们多数会倾向于平均主义。当然，这样的人，在任何一个地方都会占多数，这也是一种正常现象。

那么，在企业管理中，要如何平衡有本事的人和能力一般的人的利益？在这方面，西方的管理学者早就有了成熟的解决办法，就是要让那些本事大的人赚到更多的钱，而让那些能力一般的人赚到平均工资以上的钱。如果本事大的人和能力一般的人都赚一样的钱，那么本事大的人就会心灰意冷、拖延怠工，而他们的工作又是那些能力一般的人所无法完成的，这样一来，公司的发展肯定会受影响。这也说明了一个道理：平均主义看起来很好，实际上却弊端丛生。

想管理好一个企业，我们就必须重视协调好少数能人和多数普通人的利益关系。对于企业主来说，一个行之有效的解决方案就是，让能力大的人赚大钱，让能力小的人赚小钱，而让那些能力小却妄想赚大钱的人离开公司。这也是当今企业界的主流管理思想之一。

亲朋好友

我对股权投资非常感兴趣。在投资领域多数人排斥的股权投资，其实是有很大的回报价值的。但是，无论是一级市场还是二级市场的股权投资，都具有一定的技术含量，甚至有的高深莫测，所以导致多数人误解甚至排斥股权投资。

要做股权投资，就要走出去，多接触这个领域的人，和他们交流，从中可以学到很多东西。

最近，我与几个投资界的朋友交谈，他们都比较认同雷军的理论，就是股权投资只投资熟人，或者很熟的朋友的朋友，这样可以降低风险。按照这个思路，雷军确实投资了很多成功的项目。但是我认为，他之所以能够成功，主要还是在于他处的位置很高，好项目很多，选择机会也多。事实上，这套投资思想是有局限性的，尤其是对于那些普通投资人来说。因为投资范围如果仅仅局限于自己熟悉的人，会出现一个问题，就是我们可选择的项目太少，项目质量太低，风险很大。雷军在互联网行业是元老级的人物，加入这个行业时间很久，所以他可以这么去做，但对别人来说是行不通的。

由此我想到，现实中有很多企业主都喜欢重用自己熟悉的人或者亲朋好友。表面看起来很有道理，因为这些人和我们在情感上比陌生人要强得多。但是，如果我们的管理工作仅局限于自己的亲朋好友担任，就会导致一个很现实的问题：我们很难找到自己需要的人才。此外，亲朋好友在利益面前的表现，也未必会比招聘来的陌生人强多少，这样做，甚至还会给公司里的其他人造成不公正的坏印象。

所以，我从来都倡导不要雇佣亲朋好友，若真正想要使企业得到发展，在人才方面就要实施海选，不只是十里挑一，更要千里挑一、万里挑一。

对此，我的很多亲朋好友都不能理解，但是我知道自己在做什么，就像弗里德曼所说的："真正能够说服你的，只有你自己。"

当个工人吧

目前，整个社会都非常重视教育，但是估计没有几个人会想让自己的孩子当个工人。因为很多人认为工人收入低、工作累、环境脏乱差，并且在社会上没有地位，不受待见。

于是，我们就会发现一个现象：家长们都特别重视教育，根本不看自己的孩子是不是读书的料，他们只想创造奇迹，把自己的孩子打造成"神童"，希望孩子能够在未来的社会竞争当中取得成功。

其实，市场经济带来的后果就是自由竞争，这种竞争非常激烈。既然是自由竞争，就只有一个结果：成功者是极少数人，多数人都在从事他们并不擅长的职业。这样的选择都是被迫的。

对于多数人来说，他们搞不懂那些管理学知识，更搞不懂那些令人头疼的数理化知识，那么，他们只剩下一条适合自己的道路，就是践行工匠精神，做一个好的工人。当然，我的这个理念肯定会遭到多数人的排斥。

很多人往往感觉当一个工人是非常简单的事情，20年前，我也是这样想的，直到我自己开始创业。我从事的是生产铆钉这类产品的低端制造业，但是需要使用复杂的设备来生产，并且生产的铆钉尺寸要求非常高，工序繁杂，至少需要16道工序才能生产出来。其中还有非常关键的5道工序，只要操作稍有不规范，产品就会报废。整个流程做下来，简直太难了。

国内的不少同行在这个行业都做了20多年，到现在还是无法掌握技术要领。不要小看仿制国外产品，当我们不能理解他们设计师的思路时，即便花20年时间，也都是在原地踏步，无法突破。

不过，我们生产的产品是可以替代进口产品的。能做到这步，除了我们在产品原理下功夫研究以外，招聘好的技术工人也非常关键。

这20年来，我们招聘了很多工人学习技术。我发现一个问题，就是调试这些复杂设备真的需要悟性。有的人很聪明，三个月时间就可以掌握80%的技术，这样的人就是人才，当然会获得很好的待遇。但我也见过很笨的人，他非常认真地学习了三年，依旧还是学不会，只能做些简单的调试工作。于是，他最终放弃学习，辞职了。这充分说明了，当一个工人并不简单。

无论从事什么工作，我们还是要一切从实际出发，要根据自己的才能做出最好的选择。当然，我们还要有一个清醒的认知：不要轻视工人，成为一个优秀的工人并不容易。我一直都非常尊敬那些在车间里践行工匠精神的人，他们做出了符合自身的最好的选择。

尊重基础的技术工作，脚踏实地，这才是制造业能够长盛不衰的原因。

认清自己

最近，我遇见了一个十几年前的员工，他因为工作不认真被解雇了。再次见面，他对于被解雇这件事还是耿耿于怀，对我仍有怨言。他认为，我不能那么武断地解雇他，应该给他一个改过自新的机会。

我问了他两个问题：十几年来，你工作过几个公司？你目前的发展情况如何？他很诚恳地说：十几年来，他前后去了八家公司工作过，都是一事无成。听完以后，我顿时如释重负，看来这个前员工发展得并不好，被解雇是他自身的问题。

因此，我不得不再次强调：企业只需要两种人，一种是有本事的人，他们有创新能力、有智慧，是真正的人才。他们是公司最宝贵的财富，是团队成员，是管理者，是公司合伙人，是有资格分享企业利润的人。另外一种则是占据员工多数的普通人，他们智力平平、能力一般，是公司的被管理者，他们的唯一出路就是践行工匠精神，把自己的工作认真做好。所以，任何人在进入企业以前都必须要做出选择：根据自己的能力，或者是做管理者，或者是做兢兢业业的被管理者。管理者是坐轿子的少数人，被管理者是抬轿子的多数人，这是一种生态系统。但是，在现实生活中，有很多人没有能力，却又怕吃苦，不愿意去抬轿子，想要坐轿子。那么，作为企业管理的一项重要工作，就是要清理掉这些人。

我的这位前员工被解雇后，十几年来频繁更换工作，这就是典型的大事做不来、小事又不愿意做，那么他最后一事无成也就可想而知了。

平日里，我总是会苦口婆心地劝说那些和他一样的人：虽然自己能力不强，去企业工作其实也是有出路的，就是认清自己，心甘情愿地听从那些本事大的管理者指挥，踏实地做事。可惜他们不能理解，于是只能在社会上四处游荡，被企业不断地解雇。他们中有几个人都已经50多岁了，还是这样不懂事，我真替他们感到遗憾。

而对于从事企业管理的人来说，我们还是要努力发现这样的自欺欺人者，然后解雇他们，以此来维护企业的正常秩序。

因噎废食

我们来谈谈企业经营机制中一个非常重要的问题，就是合伙人问题。

我们都知道，只有观念的改变才是真正的改变。很多人对于合伙人问题存在误解，就是因为在常识的理解上还很模糊，归根结底是认知问题。

20年前我在潍坊开始创业，那是北方的一个三线内陆城市，很多观念无疑是落后的。譬如，当地不少企业主都认为：合伙的生意不能做。当然，这个观点并不是他们凭空臆造出来的，而是经过了无数实践证明的。在创业过程中，很多合伙企业在事业刚刚有点起色的时候，几个合伙人就开始了内斗，最终把大家共同的事业扼杀在摇篮里，导致不欢而散。或者在事业还没有任何进展时，几个合伙人就开始内斗。这是我亲身经历过的，你感觉可笑吗？其实并不可笑，这是残酷的现实。

既然合伙创业这么难，那么合伙创业或者合伙经营公司还有必要吗？

据我 20 年的创业和管理经验来看，还是要组建团队，让更多的人才成为合伙人，事业才能真正发展起来。但是，在选择合伙人的时候，必须改变原来那种落伍的方式，即先从周围的亲戚朋友中选择，这是有问题的。反之，我认为，要从那些和我们三观一致的人里面选择有才能的人组建团队，这才是最正确和有效的。

在我的老家胶州，有几个大的行业，基本都和金属加工有关，比如塑料机械、锻压机械、电厂设备、钢结构工程等。而每个行业都有几十家，甚至 100 多家企业。之所以出现这样的情况，主要原因还是这些企业对团队成员的利益分享做得不好，导致团队中有能力的人离开公司，另立山头。另外一个原因就是很多有能力的人喜欢吃独食，感觉自己可以包打天下，可以独享利润。

对于企业来说，组建一个强有力的团队并不容易。从一个公司跑出去十几个人重新创业，重新开始打造一流的团队，难度太大了。

很多时候我们会发现，从一个企业出去的十几个人，各自创立的企业，会长期处于一种长不大的状态，根本原因就是他们无法建立起一流的团队，结果发展十几年还是处在草台班子的状态。十几个人、七八条枪，产生不出规模效益，反而经营成本高昂，始终处在一种粗放发展模式中。

所以，企业要想发展壮大，就要组建一个强有力的团队，让团队成员各自发挥自己的优势，各尽所能，大家联合起来发展，这才是符合市场经济规律的方式。

当然，要找到观念一致的一群人组建团队，打造最好的经营模式，做到这点并不容易。

在现实中，创业路上的内斗反而是更加普遍的。因为很多人看不到联合起来的力量，看不到团队的力量，只从自己的私利出发考虑问题。那么，经营失败就是必然的。

不过，难道因为存在内斗现象，我们就要放弃合伙人制度吗？就如每天都会有人因为驾驶车辆而酿出交通事故，受伤或者失去生命，难道我们就因此放弃开车吗？当然不是！考虑问题，我们不能因噎废食，不能因为很多企业在合伙运营方面遭受挫折，就放弃了这一正确的方向。我的观点是首先要坚决实行合伙人制度，其次要慎重选择合伙人，不能让那些自私自利、唯我独尊的人成为合伙人。

合伙人制度必须要进行下去，但要加上一个前提，就是我们要学会甄别人才，让真正的人才、有共同价值观的人成为合伙人。那种崇尚个人英雄主义、崇尚单打独斗的经营模式，早就过时了，不能再回头走老路了。

时代变了，观念也要变。我们要与时俱进，用新的理念来管理企业，否则被时代抛弃的就是我们自己。

小目标有错吗

在抖音上，给我印象最深的一个短视频，说的是平时在人际交往中，不要和认知水平低下的人来往，他们大多负能量爆棚，脑子里装的基本上都是"有毒"的思想；我们一定要和那些正直的、有智慧的人交流，远离那些失败的人，他们不好的思想会影响到我们。

我就认识一个很失败的人，整天都在怨天尤人。当时，王健林在媒体上说过一句话，就是年轻人要设立一个小目标，首先赚它一个亿。这个小目标，看起来很狂妄，但是从王健林这种级别的人的角度来考虑，是可以理解的。没想到那个人却对此非常在意，这句话仿佛深深地刺痛了他敏感的神经，让他一直耿耿于怀。此外，如果有人讨论买房增值之类的话题，也会刺激到他，他会用尽全力去反驳别人，而他的观点总是"房子没有投资价值"之类的。其实，问题的根本在于他连首付都没有。

我认为，类似这样的人通常能力低下，自尊心却很强，也就是人们常说的眼高手低，于是，他们总是被自己的坏情绪所控制。我们一定要远离这样的失败者。

老好人

以前我的公司里有个车间主任，是出了名的会做人。他圆滑、世故，谁也不去得罪。有人告诉我说，这个车间主任可是一个好人，公司里没有人说他不好。听到这句话，我就警觉了，作为一个车间主任、一个管理者，每天要面对不认真工作的人、浑水摸鱼的人、不认真学习技术的人，当然，还有偷盗公司财物的人。在整个管理过程当中，却从来没有听到他反映问题，这难道不奇怪吗？

于是，我心里就知道了，我是遇到高手了，这是一个非常善于伪装的管理者。不久后，我就解雇了这个人们口中的老好人。在企业管理中，公司不需要老好人，需要的是能够替公司认真管理的人。当然，这个老好人总是觉得自己很聪明，善于做人，不去得罪人，同时又能糊弄公司。其实，他错了。

我常常教导公司的管理层，作为一个管理者，你要认真管理，甚至有的时候要做到六亲不认。只有这样，你才能成为一个优秀的管理者，才能保住自己的位置，并且确保自己在这个位置上拥有管理的权力，从而得到更多的收益。

说到底，认真管理，不怕得罪人，这么做的目的就是使自己的利益最大化，同时也让公司的利益最大化。

作为管理者，每次做一件事情之前，都要问问自己：这么做的目的是什么？当你明白这个问题的答案以后，自然就会知道应该如何做好自己的工作了。因为你的身后有嗷嗷待哺的孩子，有白发苍苍的父母，有不断上涨的物价，这个时候，对自己和自己最爱的人来说，任何逃避都是最大的伤害。所以，工作的时候，首先要记住自己的目标。

我经常鼓励那些年轻的小伙子们努力学习技术，因为只有技术提高了，才可以涨工资，才能拥有更好的生活条件。我也经常鼓励公司的管理人员，要在业余时间多读书，努力提高自己的能力，目的就是有了更高的能力，可以给公司做更重要的工作，从而获得更多收入。所以，还是回到许小年的那句话："自由，是目的，更是手段！"

我们要实现自己的目的——主要就是财富自由，就要通过帮助别人实现自由这个手段来解决。所以，为了实现自己的目的，车间主任就要学会铁面无私地管理；公司的管理人员就要努力学习，不断提高管理水平；车间里的技术工人，就要努力学习技术，不断提升自己的工作能力。因为，我们都有一个共同的目标：自由。

这种自由不是空中楼阁，而是非常实在、接地气的。我所理解的自由，就是经过自己的努力，把住宅从 70 平方米的小房子，换成 170 平方米的大房子。或者，自己的父母生病住院，因为资金宽裕，可以让他们得到最好的治疗。再或者，以前是骑摩托车上班，经过努力买了汽车，以后上班的时候就不再为刮风下雨而困扰。还有，孩子过生日，可以去游乐园玩耍，去必胜客吃比萨，这也是一种自由。我理解的自由就是这么具体、这么直接、这么简单明了，而且都是可以通过努力奋斗得到的。

当我们真正理解了什么是自由，并且把自由作为我们生活工作的目的时，我们就会拥有源源不断的自我驱动的力量。

各安其位

"各安其位",这个观念是日本人在 100 多年前提出来的。在长期的历史发展中,日本人也在不断强化这个观念。在他们的观念里,弱肉强食是天经地义的事情,强大的一方就应该剥夺弱小的一方,当然,他们也为自己这一曲解的观念付出了惨重的代价。

由此,我想到以前的一个亲身经历。有一次,我和几个人一起吃饭,其中有个人身高一米八七,体重 260 斤,是一个标准的彪形大汉。他在餐桌上不断地讲述自己的经历,吹嘘自己的本事。据他说,有一次,他在水产市场买鱼时,被卖鱼的人给骗了。当地的鱼贩子都喜欢短斤缺两、欺骗顾客。他回家后发现了,就回去找那些鱼贩子,并且把鱼用力地砸在鱼贩子身上。说完后,他露出了扬扬自得的神色,身边的朋友们也无不认同他的做法,我却不以为然,直接对他说:你身高马大,所以可以这样做。然后,我指着他身边一个身材矮小的朋友说:换作是他,他就不敢这样做。说完,那个壮汉顿时无语了,周围的人也都低下了头。当时,我的家乡就流行这样的处理方式:弱肉强食,拳头大小决定了谁会占理。这和日本人提出来的"各安其位"理论,简直如出一辙。

但是,真正的"各安其位",不是弱肉强食,而是人尽其才,让不同长处的人找到适合自己的位置。这是通过自由选择而达成的,不是通过拳头大小、野蛮武力来决定的。

现在，我就给这个观念正本清源。其实在管理学上，也存在"各安其位"的理论，就是说在用人方面要量才使用、人尽其才。例如，一个员工性格外向，非常善于沟通，并且穿着很有品位，那么，这样的人就非常适合从事销售工作，也就是说他可以成为我们企业里很好的业务员，把我们的产品推销出去。而有的员工，学历不高、性格内向，穿着也不讲究，但对于生产技术非常擅长，这样的人就可以成为很好的技术工人。还有的员工，学历很高，英语听说流利，这样的人可以成为我们的外贸经理。当然，也有的人能力一般，学历也一般，但是工作认真，他们就可以成为企业里的文员、仓管。这就是在企业管理方面的"各安其位"，每个人都有自己的特点，企业要根据员工的不同长处来安排工作，扬长避短。

当然，每个职位的要求不同，工作压力也是不同的。与此相应，每个职位的待遇也都不同，甚至有天壤之别。有时候，有些人会为了高薪，总是要求去做他们并不擅长的工作，但最终他们很难完成那些有难度的事情。所以，无论是企业的管理者还是被管理者，都要深刻理解"各安其位"这一观念并合理运用，只有这样，企业才会成为一个和谐的地方。

名　字

我经商已经有 20 年了，时间也不算短，我在这个过程中发现一个重要问题：有些员工到我的公司工作后，经常会更改名字，自己平时使用的名字和身份证上的名字是不一样的，要么是名字的最后一个字变了，要么是后两个字变了，不变的只是他们的姓氏。开始的时候，我觉得有点奇怪，不过还是觉得这是别人的私事，我不必过于关注。但是，随着时间的推移，我才发现这些改名字的员工，往往都是有问题的。他们多数是在以前的公司里做过一些不愿为人所知的事情，但又不想让新的雇主知道，于是就采取了这样的办法。

当我最终发现这个秘密的时候，恰好就是一个员工为了私利，给我造成很大损失的时候。到这时我才发现，原来改名字这件事并不简单，他们都是处心积虑，想隐瞒自己的过往。

当初，这个员工身份证上的名字，包括银行卡上的名字，和他现在使用的名字仅有一字之差。不过，所有人都没有过多地在意。于是，这个"害群之马"就顺利地在我们公司站稳了脚跟。之后，他就开始伺机而动。真是"功夫不负有心人"，三年后，他终于找到一个机会，为一己之私给公司带来了巨大的损失。

有鉴于此，公司对于这样的人一定要警惕，做好背景调查。在此后的经商过程中，我又多次遇见过这种改名字的"潜伏者"，最后我都是毫不犹豫地赶走了他们，不给他们任何作乱的机会。

我之所以讲这些，就是要提醒那些刚刚开始创业的人，在招聘的时候，对那些改换名字的人务必要非常警惕，不要相信他们含糊其辞的话，这样的人往往是一颗"定时炸弹"，不知什么时候就会引爆。而我们的事业，我们辛辛苦苦发展起来的公司，经不起它的伤害。

经商之路，确实有点像闯荡江湖的感觉，江湖险恶也是一种常态。对企业主来说，一定要重视人力资源工作，尽可能做好背景调查，以防患于未然。

管理者的认知问题

什么样的人适合从事管理工作？答案很简单，就是那些认知水平高的人。我就拿我聘用过的三个管理人员的案例，来谈谈这个问题。

一、副总

我曾经聘用过一位副总，让他来负责公司的日常管理工作。他原本是工程师出身，很懂技术，看起来也是一个很正直的人。当然，我在聘用前，曾经担心过他心软，无法有效管理公司人员。但是他信誓旦旦地承诺，他能够下决心去管，不管涉及谁。于是，我就聘用了他。

不过，在他第一天上班的时候，我就发现了一个问题：在他的车上，有四个地方系着红色的绸子，两个反光镜上各系着一块，汽车尾部下面系着两块。当时，我就感觉他应该是一个很传统的人，思想传统的人往往是做不好管理工作的。不过，我还是觉得应该让他试试。

问题很快就出现了，有一个员工违反了公司规定，是必须解雇的。但这个员工和他关系不错，因此他不但不去解雇这个人，还反过来找我替他求情，打掩护。但是我很坚决，直接解雇了那个员工，第二天，又把这个上任不到两个月的副总也解雇了。他的思想实在是太过于传统保守，虽然他承诺会认真管理，其实他根本就做不到。他不知道认真管理是为了谁，难道仅仅是为了公司吗？错了，如果他认知水平高的话，他就应该知道，他认真管理是为了他自己。被解雇后，他还一度非常生气，因为他始终不能理解公司为什么要解雇他。

通过这件事，我反思了一下，这样的人思想保守，从他汽车上的四块红色绸子布上，就可以看出一些端倪，而这也反映了他的认知水平程度。像他这样的人，根本不适合从事管理工作。这是没有办法的事情，有些人天生就是管理者，但是多数人天生就是被管理者。只是有一些认知水平低下的人，他们不甘于处在被管理者的地位上，因为大家都心知肚明，管理者在权力和利益分配上具有很大的优势。于是，这些人也都蠢蠢欲动、跃跃欲试。这个时候，作为企业主，还是要保持冷静，不能被他们信誓旦旦的话语给欺骗了，他们根本就做不到他们承诺的事情。

二、物流经理

7年前，公司聘用了一位物流经理，她看起来非常精明干练。但是，在处理一件事的时候露出了破绽。当时她负责管理司机，其中一个司机不会驾驶叉车，但是他擅自在车间里操作，结果把设备撞坏了。损失虽然不大，但这个物流经理因为怕得罪人，根本没有处理这个司机。

后来我听说了，开会的时候问她，她竟然说忘记了。于是，她不得不辞职了，因为她无法履行她的管理职责。她的问题同样是认知水平低下，她不知道管理的目的是什么，却偏偏要从事管理工作。我相信，在很多公司都普遍存在这样的现象：那些认知水平低下的人，他们都在装模作样地从事管理工作，并且看起来很努力、很认真，其实他们都是在努力地演戏，努力地欺骗公司。

三、人事经理

大约在 10 年前，公司聘用了一位人事经理，让他来负责招聘工作。那时，公司发工资都是用现金，我的观点就是"凡是能够把自己的工资数清楚的人，都是智商正常的人"，既然智商正常，就不应该做那些严重违反规定的行为，那么公司的招聘工作就非常重要了。但是，这个人事经理非常有意思，他总是喜欢在熟人中招聘，并且还会替这些熟人与公司在工资待遇方面讨价还价。于是，这位人事经理也很快就出局了。原因很简单，他搞不懂公司聘用他来做什么。这反映的也是一个认知问题，没有任何办法。

很多认知水平不高的人，他们从事管理工作，其实是做不好的，因为他们根本不知道为什么要去管理，也不知道他们努力管理是为了什么。他们不了解自己，总是想实现阶层跃升，去尝试管理工作，却不知道以他们的认知水平是无法胜任的。

反之，在经营企业的过程中，当我们要重用别人的时候，也要提前做好考察，不能被他们一时的承诺所迷惑，以使公司遭受损失，给自己留下遗憾。篮球界有一句话："身高是无法培养的。"其实，人的认知水平也是如此，它决定了你适合做一名管理者，还是做一名被管理者。

让真正的管理者从事管理工作，让其他人从事他们力所能及的被管理者的工作，只有这样，我们的管理才能正常化，我们的公司也就能顺利发展了。

恶　龙

龙在我们心目中是很高大、很正面的一种形象。这与历朝历代的封建统治者有很大关系，他们常自称是"真龙天子"，穿的是龙袍，宫殿里也遍布各种龙的图案。但是在西方国家，龙往往都是一种负面形象，因为他们认为，龙其实就是蛇的变异，代表着邪恶。

在西方文化圈里，有一个人们耳熟能详的故事——屠龙少年和恶龙的故事。这个故事对于企业管理来说，很有启发意义。

在某西方国家的一个山村，村民们一直被一条黑龙骚扰，无法安居乐业。后来，山村里成长起来一位勇敢的少年，他带领村民们和这条凶恶的黑龙决斗。经过艰苦卓绝的努力，少年在村民们的帮助下，终于杀死了这条恶龙。这时候，正在互相庆祝的村民们却突然发现，那个杀死恶龙的少年身上开始长出鳞片，慢慢地，他自己又变成了一条新的恶龙，开始继续欺凌起村民们。

这个故事其实是想告诉我们，当环境变了、位置变了，好人也会成为恶龙。

我从事低端制造业20年了，见过很多世面，当然，也听说或亲历过不少像"屠龙少年变恶龙"的事情。

十几年前，我雇佣了一个技术很好的工人师傅，负责调试设备。后来，我又为他招聘了一个学徒工，这个学徒工很聪明，经过短短五个月的学习，基本上就掌握了全部技术。他经常会在私下里告诉我有关他师傅的一些问题。当然，有很多事情都是他编造出来的，我也只是听听而已。我继续鼓励他认真工作，努力学习技术，他也安稳下来很多。秋天的时候，那位工人师傅被公司发现多次在该上夜班的时候脱岗，在办公室通宵玩电脑游戏。我不得不解雇了他，同时为了鼓励那个掌握了技术的学徒工，安排他接手工作。一开始时他感恩戴德，信誓旦旦，感谢公司给了他这么好的机会。但是，20天以后，这个学徒工就忘记了自己的承诺，他开始变得消极，不再认真工作，不再重视产品质量。发展到最后，他竟然开始直接和公司对抗。我们公司都是在元旦时就和所有员工签好下一年的劳动合同，结果他春节后就提出要大幅增加工资，否则就要辞职。他的有恃无恐，是建立在公司辞退了那个技术好，却不认真工作的工人师傅基础上的。到这个时候，我不得不起用另外的备用人选，解决了这个危机。

这个经历让我想到了那个恶龙的故事，它告诉我们，不要期望恶龙会消失，更不要期望它们会良心发现，大发慈悲，而是要做好针对性的预案。类似恶龙的这种人，其实他们根本没有自己想象的那么强大，只是一时被自己仅有的那点本事给蒙蔽了。面对他们，我们要做的就是未雨绸缪，做好完善的人才阶梯储备，一旦他们开始不安分，就毫不留情地予以反击，最终让他们自食苦果。

在投资领域有一个词叫"套利"，就是说，在管理上只要有漏洞，就会有无数人来利用这个漏洞获取利益。像以前人们所说的"投机倒把"，其实就是一种套利行为。只要存在套利空间，就会有无数的人参与进来，直到把套利空间填平为止，这在投资上是非常正常的。

同样，当我们的管理存在漏洞，有套利空间的时候，那些居心叵测的人们就会蠢蠢欲动。当然，平时他们都表现得无比驯服，一副认认真真、勤勤恳恳的样子，而当机会一来，他们的身上就开始长出黑色的鳞片，头上探出两只乌黑铮亮的龙角——恶龙现身了！

所以，在企业管理中，当我们要重用一个人的时候，一定要仔细观察，看清楚他的本质到底如何。其实，只要我们仔细端详，恶龙们都是无处遁形的，它们无法掩饰得了锋利的爪子和牙齿，也掩饰不住满身的鳞片，以及偶尔发出的低沉嘶吼。

说实话，从事企业管理非常不容易。要管理好公司，就必须要警惕那些恶龙一样的人，提前拿出应对措施来，不给他们钻空子的机会。

心术不正

经商常常会让人感到身心俱疲、非常郁闷，因为在这个过程中会经历太多挫折，也会见识到太多人性，而这些往往是在你遭遇失败后才能看清的。

十几年前，当时我对一个项目非常感兴趣，准备投资。我的一个企业主朋友就给我介绍了一个人，据说是行业内的资深人士。于是，我们开始了一些合作前的交流，随着交流不断推进，我发现此人有点心术不正。他的想法就像行业内的一些企业一样，忽视用户诉求，不是通过提高产品质量去开拓市场，而是极力降低成本，同时又要保持较高的利润率。我一听便知道我们不可能合作了，因为我们的价值观不同。我的经营理念是要提供给用户质量最好的产品，同时价格实惠；他的观点却是，既然市场上的同行都忽视质量、价格虚高，那我们为什么要放弃这样的好机会呢？他对我的理念不以为然，我也知道他绝对不会改变他自己的观点，于是我终止了和他的交流，不再考虑与他合作。

事情还没有结束，这个人还是想继续创业，但是缺少资金。于是，我的那个朋友就投入巨资支持他。我当时就劝过他，不能和心术不正的人合作，这样出问题是早晚的事，而后果就是他们会狠狠地伤害曾经支持过他们的人。因为心术不正的人是没有原则的，更不知道什么叫底线。但我的朋友还是被那个人的花言巧语迷惑了，投入了大笔资金支持他。当然，结果没有任何悬念，我预测的那个悲惨结局在几年后就出现了。我的朋友为此损失惨重，心情非常郁闷，这时才后悔没有听我的话。

我的朋友的经历，其实也是非常正常不过的事情。我们总是被我们亲眼看到的、亲耳听到的信息左右着、主宰着，很多时候我们认为是自己做主了，其实最后往往成了被人愚弄的傻瓜。

这个世界上总是存在着一些心术不正的人，他们像蜘蛛一样编织好一张大网，然后潜伏在阴暗的角落里，默默地看着我们。一旦我们受到诱惑，失去理智，他们就会毫不犹豫地对我们发起攻击。最终，我们就会为自己的幼稚买单，而且往往还是一个大单。

所以，任何时候都不要给那些心术不正的人任何机会，不要和他们有任何商业合作，哪怕这种合作具有广阔的前景，能赚到很多很多钱。当然，我这么说并不是因为自己有多高明，而是我之前就被这种心术不正的人伤害过好几次。从另外一种意义上来说，他们都应该是我的老师，教会了我一个常识：这个社会上有些人是没有原则的，更不知道什么叫底线，他们对自己背信弃义的行为不但不会感到羞耻，反而会觉得自己很有天赋，很有成就感。

在创业过程中，我们既不能怀有侥幸心理，当遭遇挫折时，更要深刻反省自己。正是因为我们自身的素质不够，才让坏人有了可乘之机。所以，我们要加强学习，不断提高自己，这才是应对心术不正之人的最好办法。

50岁，我才知道

我这次还是讲一件自己经历的事，也是想借此再次进行深刻的自我反省。我们总是会非常坚定地相信自己看到的事情，相信自己听到的诺言，无法摆脱传统认知对于我们的影响，因此我们会经常遭遇挫折、受到打击。当然，这样的挫折、打击多了，就会促使我们反省自我——对于我们生活的这个世界，我们其实并不是很了解。至少对于我是这样。我都已经50岁了，步入知天命之年，才惊奇地发现，我对这个世界、对这个社会的人并不了解。但是在这之前，我总觉得自己已经很了解了。

这还是发生在2000年的事。当时，我因为觉得还是回到家乡比较好，就把工厂从潍坊搬到了胶州。我有一个远方亲戚，男性，40岁左右，单身，当时的经济状况非常差，甚至有的时候还吃不上饭。于是我把他安排在我的公司里，给他提供了两间房子住，水电都免费。后来，因为他的小本生意不好做，吃饭都成了问题。于是，我又免费提供他一日三餐。当时我觉得，自己有条件的时候，还是要多帮助那些需要帮助的人。那时，由于订单很多，而公司的设备又很少，我不得不安排部分员工两班倒。但是这样一来，管理的难度就增加了。有三个上夜班的员工就想方设法钻空子，特别是那个代班班长，轮到他上夜班时，竟然偷偷溜到办公室上网，根本就不考虑运转着的车间设备是需要有人监管的。而另外两个工人，则干脆跑回宿舍里睡觉。他们这样的工作状态持续了至少半年，后来因为他们发生内讧，我才知道了真相。没办法，根据公司规定，只能解雇这三个员工。但是那个天天住在工厂，我为他提供免费三餐，在他最困难的时候支持他、帮助他的远房亲戚，却对这个情况熟视无睹。虽然他经常向我承诺，他每天住在公司里，有异常情况都会及时告诉我。按照我自己朴素的想法，一个处在困境中的人，一个我常常借钱给他的亲戚，在看到有人损害公司利益时，他肯定会坚决地站出来。但最终结果是他违背了自己的承诺，辜负了我对他的信任和期望。对于这件事，我也是百思不得其解，一个在最孤立无援的时候接受了别人帮助的人，为什么不能反过来真诚地帮助对方呢？于他而言这只是举手之劳，他却不愿意去做，我至今也想不明白其中的原因。

过了那么多年，经历了很多事情，我才有所感悟：社会上这样的人其实有很多，不是他们的品德有问题，而是他们的头脑出问题了，他们无法分辨怎么做才是正确的。而我们经常犯的错误，就是总是习惯性地按照正常的逻辑去判断，而他们的思想、他们的作为，却往往都是不符合正常逻辑的，因为他们无法理解什么是正常逻辑。

想明白了这些道理，我终于豁然开朗，那么剩下的问题就简单了，就是要如何去对待他们。

第一，在管理方面，我们要重视少数精英人士，要和他们谈未来、谈远景、谈股权激励、谈大目标，同时，我们也要和多数的普通员工谈当下、谈工资、谈工作环境、谈食堂的饭菜质量、谈周末去哪里休闲、谈最新的电视剧，因为他们的思想和兴趣就停留在那里。

第二，在股票投资方面，我们要和少数人谈价值投资，谈股票投资要重视护城河、买股票就是买公司，同时，我们也要和多数人谈牛市行情和熊市行情、谈追涨杀跌、谈如何使用资金杠杆、谈怎么去看 K 线图，因为他们的头脑始终不会理解什么是价值投资。

人总是要面对现实，而现实中有很多人在考虑问题、做事和决策的时候，都不会按照正常逻辑来进行，因为他们不具备正常逻辑的能力。我们经常犯的错误，就是总是认为他们和我们是一样的。

当然，早在 100 年前，法国的哲学家勒庞就写了一本非常著名的书——《乌合之众》，书里对这方面的问题已经分析得非常明白了。

徐大拿和刘大拿

因为生产铆钉需要好多种比较复杂的设备，并且生产工序很多，所以尽管铆钉看起来很小，其实要生产出合格的产品并不容易。其中任何一道工序只要出一点问题，铆钉就会报废掉，因此我一直非常重视技术人才。这些年，我不断地招聘、培养技术人员，但多数人还是很难学会。其中，有一个工人学了两年多，还是学不会，却天天要求增加各种福利待遇，我最后不得不解雇了他。

在我招聘的众多人员里，当时只有小徐和小刘经过自己的努力，基本上掌握了技术，所以我非常重视他们，也给了他们最好的待遇。但是，正如冯仑说的："理想很丰满，现实很骨感。"我对他们的重视，不仅没有激励到他们去努力工作，反而使他们产生了公司受制于己的感觉。他们也被公司的人称为徐大拿和刘大拿，至于什么是大拿，看看电视剧《乡村爱情》你就明白了，里面就有一个王大拿。所谓大拿，就是说这个人有拿手绝活，离了他不行。

徐大拿和刘大拿之间也存在钩心斗角，互相排斥。后来，刘大拿犯了严重的错误，公司不得不解雇了他。这时就只剩下徐大拿，尾巴更是快翘到天上去了，一旦产品出现点问题，让他调试一下设备，他就满不在乎，甚至根本不听，经常把主管气得够呛。我每次都会把徐大拿叫到我的办公室，苦口婆心地给他讲道理。他是外地人，需要在当地买房结婚，生活压力很大，而我们公司给了他很高的工资待遇，其实他认真工作是符合双方利益的。经过我的耐心开导，他看起来似乎听懂了，工作态度有所改变。但是，还没有超过十天，他又恢复了以前那种自由散漫的工作状态。于是，我又继续找他谈心，劝他要抱着合作的态度去工作，不要做出损人害己的行为。每次谈完话，他都看起来像听明白了，但没过多久又回到老样子，拿着公司的高薪而不认真工作。这样的状态整整持续了两年。后来，在我们招聘的员工中，又有人学会了这些技术，于是，徐大拿的末日到了。一次，由于他工作疏忽大意，出现了不良产品，他以为我还是会像以前那样开导他，然后原谅他。但是他这次真的错了，我没有和他废话，直接解雇了他。后来听说，徐大拿被公司解雇以后，赋闲了一年半，因为短时间内找不到类似我们公司这种既轻松待遇又高的工作。于是他找啊找，努力地找，最终只能认命，接受了那种待遇低很多工作强度又很大的工作。

弗里德曼说："真正能说服你的人，只有你自己。"想当初，我费尽心思地开导徐大拿，但他始终不明白，其实就是因为他对自我的认知能力太低。而我在管理上也同样存在认知问题，就是总认为我们可以开导别人、改变别人，总感觉自己所说的道理非常简单、非常容易理解，别人也能够像我们一样理解这些道理。但是经过这么多年的管理实践，我意识到，我们的很多主观认识是错误的，我们很多深信不疑的东西也都是错误的。只有在经历了挫折之后，我们才能真正明白这些道理。

在这里还是要引用巴菲特的那句话："你真的能够向一条鱼解释在陆地上行走的感觉吗？"在管理上我们犯的错误也是这样，我们往往夸大了沟通的作用，但在很多情况下，沟通是起不了多大作用的。

由此，我想到管理学的一个概念——"强在中层"，就是在企业管理方面，除了要求高层是明白道理的人之外，也要把中层干部都换成明白人。我们的沟通要让这些高层们能够清楚地理解，然后让中层干部用简单明了的方式，去管理那些被管理者——这才是企业管理需要注意的问题。

断崖式差异

从事企业经营，我们往往会忽视管理者的作用，从而导致在待遇分配方面做出一些错误的决定。为了提高管理效率，企业必须重视管理者和被管理者之间的收入分配问题，要使两者有一个断崖式的明显差异。

例如我们经常说的二八原则，就是 20% 的用户往往会给公司带来 80% 的收益。所以在企业营销管理中，要重视大客户，聚焦大客户。

同样，在公司管理方面，我们也要遵循这个原则，就是要让 20% 的管理人员赚 80% 的钱，而让其余 80% 的人赚 20% 的钱。

拿破仑有一句名言：不想当将军的士兵不是好士兵。将军和士兵如果在所得利益上没有断崖式的差异，那么士兵们就不会去努力成为将军。所以，作为企业主，无论在任何时候，我们都要重视那些替公司冲锋陷阵的管理者，让他们和普通员工在待遇方面有断崖式的差异，这样才能把企业经营好。

举例来说，如果把 10 万元奖金分配给一个团队的 10 个人，那么，组长就要分得 6 万元，副组长分得 2 万元，让其余的 8 个人再分剩下的 2 万元。

我在这里还要强调的是，不仅仅要把管理者和被管理者的分配差距加大，而且在不同层级的管理者中，也要有一个较大的差距，这样的分配制度才是真正合理的。

2%

按照我自己的理解，社会上有 2% 的人是有能力的，就是所谓精英阶层，他们在企业管理中的角色非常重要，是企业的核心。这样的人就是我们常说的管理团队成员。

其余 90% 的人，都是智力和能力一般的普通人，也就是古斯塔夫·勒庞所说的"乌合之众"，或者说是被管理者。他们没有方向感，或者是他们的能力不允许他们找到真正适合自己的方向，他们能做的只是被管理，听从那 2% 的人的指挥。当然，企业中具体的工作多数是由他们完成的。

那么，剩下来的 8% 是什么人呢？他们是不可救药的害虫，对于企业来说毫无建设性，并且时时刻刻都在做着损害集体的事情。一旦这样的人在企业中聚集起来，形成气候，就会颠覆掉企业。所以，在企业管理中必须要高度重视这 8% 的人，他们的危害实在太大，很多企业主就是栽在这些人的手里的。

因此，我们在一个企业中工作，首先就要评估一下我们自己是什么人。如果是属于那 2% 的精英之列，那我们需要做的就是找到一个好的公司，一个开放式的平台，然后加入团队中，来帮助企业管理好 90% 的普通员工，同时清理掉 8% 的有害之人，并且要把后者放在管理工作的首位。

而对于我们这样的企业主来说，首先要做的，就是把那 2% 的精英招聘过来，组建一个团队。接下来要做的就是利用这个团队，清除掉企业中那 8% 的有害之人，然后再管理好其余 90% 的普通员工。这样一来，我们的企业才会平稳运转，我们的事业才会发展起来。

其实，我们和社会上的人相处，也是一样的道理。我们首先要找到与自己志同道合的朋友，当然，这样的人是极少数的。其余的多数人，最多只能成为普通朋友，和他们的相处之道就是合作，对双方都有利的事情可以一起去做，但如果是只对对方有利的事情，就要推脱掉，不去参与。因为他们在关键时刻往往可能会把原则放到一边，趋利避害。

当然，对于那 8% 的有害之人，我们更要打起十二分精神去应对。

我们多数人犯错误，就在于忽视了这 8% 的人，忽视了他们的巨大危害性。对待这样的人，要坚决屏蔽，不要帮助他们，更不要和他们合作。因为他们在每件事的处理上都喜欢突破底线，原则在他们眼里一文不值，和他们相处无异于与狼共舞，太危险了。

过年送礼

看到这个标题，希望大家不要误会，我说的这个故事，其实是想要探讨员工工作态度的问题。

在十几年前，我还在潍坊创业的时候，连续有两年都会在春节前收到公司一个技术工人送的礼物。我们公司是几个人合伙的，我是最大的股东。这个工人平时工作就不怎么努力，大家也都看在眼里，不知道他怎么竟然想出了给我们几个股东送礼的主意。我也劝说过他不用送礼，只要他认真工作，就是给我们最好的礼物。

但是，每次过了春节企业开工后，他依旧工作不认真，我们先后对他进行了多次批评教育，甚至罚款。最后依然没有效果，我只能解雇了他。

在私营企业里，平时不认真工作，却想用送礼的方式来缓和紧张的关系，这样的思维逻辑，也是让我非常震惊。借用一句书本上的话：他在错误的时间、错误的地点，做了非常错误的事。他根本就没意识到，这一套在其他地方可能行之有效的做法，在产权分明、管理严格的私营企业是行不通的。

这件事也让我认识到，那些不认真工作的人，并不一定是他们的品德有问题，而是因为他们的智商有问题。他们看不到认真工作的好处，总是想着偷奸耍滑，以为用一些类似过年送礼的小伎俩就能蒙混过去，但最后吃亏的往往还是他们自己。

你压抑吗

最近，有的员工说，他在我们公司工作感觉很压抑。我觉得这就有点矫情了，既然你到我们公司工作，就应该了解过我们的企业文化，我们的宗旨是"公正"，公司绝对会公正地对待每名员工，也会公正地对待外部的每一个合作伙伴。

我常常说：诚信是一个商人的立身之本。一个商人绝对不可以做的事情，就是不诚信。所以，我要告诉那些感觉压抑的同事们，公司是一个开放式平台，评判标准只有一个——以结果为导向，就是拿出成绩来证明你自己是一个合格的员工。

前段时间，有个产品经理也感到压抑了。她的产品设计水平确实很低，而我们公司一贯是以结果为导向，于是她感到压力很大。当然，后来她还是被解雇了。这是一个自由竞争的市场，任何企业都不可能会供养那些能力很差、回报率很低的人。这个世界是公平的，只要你有能力，一切都不是问题。但是如果你能力一般，那么你就会不断遭受打击，四处碰壁。机会是有限的，对于每个人来说也都是公平的，还是要自己心里有数，好好学习，努力提高自己的水平。出来工作，也要拿出最大的诚意来，没有人会像你的父母那样爱护、宽容你。

处在打拼阶段的年轻人们，千万不要惯着自己，虽然你也有惯着自己的权利。但是你要记得，公司决不会惯着任何人，市场也决不会惯着任何人。

其实，感到压抑的都是那些能力低下的人。他们看到大家努力工作的成果摆在那里，而自己的无能也就赤裸裸地展现在大家面前，他们惭愧了、脸红了，于是就感到压抑了。工作不努力，就会在大家面前丢脸。我反复强调过，你如果是一个天才，就做出大的成就给我们看；如果你能力一般，那就好好践行工匠精神，把工作认真做好。

我说的都是掏心窝子的话，可能会刺激到很多人。这些人往往能力偏低，但是还矫情、怕吃苦，贪图安逸，喜欢和公司打游击战。一旦公司的管理人员按照规定来管理，他们就感到压抑了。

对于那些感到压抑的同事们，我还是要继续劝说一下：努力工作、努力学习吧！我们是私营企业，是以结果为导向，当你拿不出成绩的时候，还是要多反省反省自己。

解读工匠精神

近十年来,"工匠精神"这个词非常流行,几乎所有公司的老板都在倡导工匠精神。但多数员工还是不太认同这个词,他们只希望多拿工资、少干活,这也是人之常情。

对于工匠精神的认识,我们基本上都是参照德国和日本,尤其是我们的近邻日本,在这方面做得确实不错,他们的绝大多数员工对待工作确实非常用心。所以,我每年春节开工时,都会安排员工观看日本纪录片《寿司之神》,学习小野二郎那种对工作一丝不苟的态度,也就是工匠精神。

不过,我对工匠精神还有着另外的理解。我认为对于精英阶层来说,工匠精神并不是最好的选择,比如美国的乔布斯,他秉持的是一种创新精神,打破传统去创新,才是他的主要特点。近几年,还有特斯拉的创始人埃隆·马斯克,也是一个以创新为特色的企业家。但是,假如智力一般,没有那么好的想象力,不能像那些天马行空的精英那样去创新,那么还有一条适合我们的道路,就是践行工匠精神。

说得直接点,所谓工匠精神,就是在企业里真心实意、踏踏实实,努力把自己的工作做得尽善尽美。但遗憾的是,现实生活中有很多人脑子很笨,又吃不得苦,不愿意去践行工匠精神。别人买上了房子,他们还在租房子;别人结婚了,他们还在无望地追求那些蔑视他们的女孩子；别人有了汽车，他们却依旧在每天挤公交车。然后，他们回到家还要继续编造各种谎言来蒙骗父母，每年都这样，每年都有不同的理由、不同的谎言。

我们从事的是低端制造业，利润和纸一样薄，所以积极倡导工匠精神，加强企业管理，就显得非常关键。我们会热烈欢迎那些有本事的精英，会严格要求其他员工努力践行工匠精神，而那些明明很笨又吃不了苦的人，我们也绝对不会允许他们在公司里混日子，否则公司的业绩就会受到连累。

当然，很多时候，我们也会遇见那种"神人"。他们本身非常聪明，非常有想象力，也有很好的创新能力，同时又努力践行工匠精神。这样的人才，就是我们企业中的灵魂人物，他们会成为我们的合伙人，成为一起打拼的同路人。

和员工谈谈心

最近几年来，我们公司的管理一直在不断提高，逐步建立起了一系列新的制度，但是还是有不良员工要钻空子。我也常常在思索，这些不认真工作的人，到底是怎么想的呢？

如果你有本事，就不要出来打工。既然出来打工，又不认真工作，那么公司肯定不会有那么多的耐心来忍耐你，可能随时都会解雇你。既然你知道这些，每天都处在惶恐不安的状态，但还是不努力工作，那只能说明你的脑子有问题。既然你没有本事去一个更好的地方过更好的生活，那你来私营企业混日子能够成功吗？

我每次看到公司墙角有垃圾的时候，都会得出一个结论：管理失控，相关人员对待工作敷衍了事。那么这时候肯定有人要倒霉了。只要出现任何一点管理上的失控，我都会找到相关人员，任何人都是躲不开的。

出来工作，还是拿出自己的态度来，放低身段，心甘情愿地践行工匠精神。对于那些没有太大本事的员工来说，这是唯一的出路。别再犯傻了，打起精神来吧，公司是不会容忍那些混日子的人的。

和求职者谈谈心

一、待遇

作为一个求职者，很多时候都会天真地认为，自己可以要求超出能力的工资待遇。这是不现实的，因为高待遇需要高能力来相对应。高的待遇，只能是那些卓越的人才能够得到。问题的关键只有一个：你是那个卓越的人吗？很多人即使迷惑了公司，通过了面试，获得了很高的待遇，但是试用期也很难通过，他还是会原形毕露，会被淘汰。他们努力争取到的好待遇，最终成了竹篮打水一场空。所以，我还是建议求职者，要客观地认识自己，对面试的公司诚实一点，这样才是真正的聪明人。每个面试者都要问问自己：你是一个很有本事的人吗？你有丰富的想象力、强大的心理素质，能够去开拓创新吗？如果不是，那对于你来说，最好的选择就是践行工匠精神，到企业中心甘情愿、踏踏实实地好好工作，拿到那份与你付出的努力相对应的报酬，这才是你的出路。

二、工作地点

有很多年轻的求职者都喜欢到青岛工作。我理解他们，因为青岛有更好的生活条件，有胶州没有的各种美食，有体现小资生活方式的各种地方。我对于这类求职者的建议就是，假如你真的有本事，而且你目前很穷，那么你选择工作的地方只有一个标准：哪里可以让你施展自己的才华，哪里可以让你短时间赚到同龄人几倍的收入，哪里就是你应该去的地方。

记住了，这个世界上的资源是有限的，作为刚刚大学毕业的求职者，更要端正态度，放低姿态，积极地投入激烈的社会竞争中，打败那些矫情的同龄人。

三、生活条件

如果你出身普通、能力平平，那么去任何一个公司工作，开始的时候都没有必要要求太高的生活条件。你只要关心一个问题就行了：这个公司是否适合你？那么，又该如何来判断一个公司是否适合自己呢？很简单，要看这个公司做的生意是否有前途，这个公司的老板是否重视人才，是否愿意和人才分享利润，这才是作为求职者要重点考虑的问题。

希望我的建议能够帮助到各位年轻的求职者。记住了，这个社会的主流就是竞争，没有人能够逃避这个问题。好的房子、好的汽车的供应量都是有限的，你只有打败你的同龄人，你才会得到这些资源。

再次和求职者谈谈心

最近由于疫情的原因，大家都待在家里无所事事，所以发简历的求职者很多，这是一件好事。但是，多数求职者的思想是混乱的，他们的想法多是不切实际的幻想，所以我感觉有必要再和他们谈谈。

无论是985、211还是职业学院毕业的求职者，都希望从事一份薪水高的工作，这是可以理解的。不过，他们很多人却没有自知之明，本来是适合从事车间一线工作的，但他们都想从事办公楼里的工作，并且还想从事管理别人的工作。所以，我在这里先谈谈办公楼里的管理工作情况。

在一个公司办公楼里工作的人，一般被称为管理人员。这些人分两部分，一部分是真正的管理人员，他们都是很有本事的人，在面对压力的时候，能够迎难而上，积极解决问题，他们负责管理别人，同时替公司解决困难，如生产、销售、采购、行政等管理人员。

我说的生产管理人员，就是那种能够把生产彻底管起来、六亲不认的人，能够把生产效率提高到百分之一百的人，能够把不认真工作的人彻底踢出公司的人，能够保证我们的质量万无一失的人。

我说的销售管理人员，不是指那些负责送货的人，或者仅仅负责接听电话的人，而是那些顶着压力、顶着烈日，去推销公司产品的人，去市场上和竞争对手进行激烈较量的人。

我说的行政管理人员，他们的工作也不仅仅是在网上找找求职者，联络一下面试，而是能够根据公司的需求招聘到合格的人才，并且能够落实求职者的工资待遇问题。

我说的采购管理人员，也不是你理解的那样，仅仅负责给供货商下订单、跟踪订单、确认收货，而是能够利用互联网开拓新的进货渠道，把采购成本控制在最低水平的人。他要善于谈判，善于开拓新的采购渠道，善于斤斤计较、讨价还价。他一定是一个气场足够强大的人。

针对我以上说的这些，你可以问问自己：你是这样的人吗？如果你不是，凭什么你要来从事管理工作？凭什么你要那么高的薪水？

当然，办公楼里还有另外一部分管理人员，其实他们也都是被管理者。他们从事的工作都是事务性的，工作难度不大，所以薪水不是很高。但是公司对他们的要求是：坚决践行工匠精神，认认真真地把自己的工作做好。如果不能认真工作，他们也会面临被解雇的命运。

我和一些求职者，尤其是一些刚毕业的大学生交流过。假如你真的很有能力，有创新精神，那你根本不需要担心什么，不用考虑什么大房子、好车、高级职位、好的社会地位，因为这个社会对于那些能人而言是非常宽容的，他们肯定会很快拥有这些物质生活。但是，假如你不是这样的人，你思想保守、能力平平，那么就要认清自己的劣势，认认真真地践行工匠精神，去替那些有本事、有创新精神、有想象力的人服务，做好自己的本职工作，相信你也一定会拥有不错的生活。

其实，你也不要过分向往管理工作，真正的管理工作并不好做，那种绞尽脑汁、披荆斩棘的生活不适合多数人。如果你不具备这样的能力，心怀再多的妄想都只是在伤害自己。

对于任何一个公司来说，人力资源都是最重要的资源，这是现代企业管理的核心问题。我们公司近十年来一直致力于招聘人才，我们知道什么是人才，我们有自己甄别人才的方法。

除了招聘人才以外，还有一种最有效的方法：竞争。对员工来说，你想要公司重视你，就只有一种方式：竞争。你要靠竞争来证明自己，靠自己的业绩来证明自己。当然，公司也会重视那些通过竞争证明了自己的员工。我说的"重视"体现在两个方面：首先是更好的职位、更大的舞台；其次就是公司会根据你的成绩，给你更多的物质奖励。

我总是在不厌其烦地说这些常识，可就是这样简单的常识，有很多人还是不明白。于是，我只能不断地重复，希望他们有朝一日能够把这些都想通了，那么他们的生活自然也就会好起来。

有理想，才有现实

最近五年来，我深刻体会到，公司要发展，最重要的是要有第一流的人才。所以，在这方面我投入了大量时间和金钱，接触了很多人。目前来看算是小有收获，不过在招聘人才方面，我们还会继续努力。

在面试过程中，我发现了一些问题。比如，我们对于一些重要岗位的要求是和普通岗位有区别的。我们希望销售经理和副总等，是以后能够成为我们的合伙人的。但是多数来应聘这些职位的求职者，他们的想法很简单，他们嘴上说自己有远大理想，同时又告诉我他们需要很高的薪水，他们不在乎股权激励。时间长了，我慢慢地理解了他们，他们都是现实主义者，根本就没有他们所说的那种远大理想，其实都是很平庸的人，对于工作的压力是很恐惧的。他们说的"不甘于现状"，仅仅是一种装饰，具有很大的欺骗性，他们根本没有能力去完成他们自己承诺的目标，他们是一群没有情怀的普通人。

我记得有一位很有成就的企业家，他演讲的一个题目就是"有理想，有现实"。当今社会中，只有那些真正有远大理想的人，才会实现自己美好的梦想，把梦想变成美好的现实。面对压力，只要是正常的人都会恐惧，但是只有那些真正的强者才会克服恐惧。

而那些内心软弱的人，他们一方面宣称自己的理想多么远大，另一方面又贷款到处买房子。我很疑惑，他们难道不能在事业成功后再去买房子吗？其实，他们需要的只是安稳的生活，他们嘴上说的理想、情怀并不是真的。

"有理想，有现实"，说的就是一个人要有好的现实，就要有理想，要把理想变成现实。而有些人，他们只是嘴上嚷嚷，却不愿意为了理想去承受任何压力，他们永远都在原地踏步，这样的人是我所鄙视的。

当然，每个人都会根据自己的特点来规划自己的人生。有些人是很现实的，他们没有太大的目标，喜欢实实在在的东西，希望好的薪水待遇。那么，作为管理者的我们，就不能和他们谈情怀，谈公司的发展方向。而那些有远大理想的人，有情怀，能承受得起压力，我们就可以和他们谈股权激励，谈公司的发展潜力，谈利益的分享机制，鼓励他们努力成为我们的合伙人。至于那些不愿意承受压力，能力平庸，却要求很高的薪水和奖金，还希望得到股权的人，那就只能把他们称为骗子了。

我一直都非常欣赏那些有情怀的人，他们胸怀大志，愿意为了自己的梦想去奋斗，他们是我们的合作伙伴。而现实生活中，更多的却是一些伪创业者，他们的野心仅仅停留在口头上，他们是胆小鬼，他们惧怕风险，他们满口的远大志向仅仅是用来欺骗周围的人，当然，他们也是在认真地欺骗自己。

钢和铁

一般人都分不清钢和铁的区别，有不少人甚至认为钢就是铁，其实是不对的。钢和铁有巨大的区别：铁一般是指纯铁，基本上不含其他化学成分，尤其是不含碳，所以铁的性质比较软，并且在加热后物理性质也不会有什么变化。而钢就不一样了，因为它含有一定的碳成分，所以在经过热处理后，物理性能会有很大的变化。例如，有些高碳钢经过淬火处理后，硬度就会提高很多。所以说，钢和铁是两种区别很大的物质，虽然表面看起来差不多。

我为什么要讲这个道理呢？是因为我在企业管理中，就体会到员工也有这样的特点，尤其是管理人员，在平时表现看起来都差不多，但是在遇到很大困难的时候,就可以看出优秀的员工和平庸的员工两者有着巨大区别。

优秀的员工,他们会很轻松地解决难题,而平庸的员工对于困难却束手无策、抓耳挠腮。很多时候,安排员工从事有困难的工作,就会很容易地鉴别出谁是人才、谁是庸才。就像一块铁板和一块钢板,在相同的热处理工艺下,物理性能的差别就非常大,这是很容易区别的。当然,铁也有一定的用途,但是在日常生活中,钢的用途要远远大于铁的用途。这就像一个公司的优秀人才,他们的本事要远远大于平庸者的本事,他们做什么工作都可以做得很好。

所以,当一个新员工来到公司的时候,我们一般都会安排几件困难的事情让他试试,这样我们就很容易知道他是什么样的人了。对于那些能顺利解决问题的人才,我们会非常重视,会给他们更多的机会、更多的财富,让他们彻底施展出自己的才能。

面　试

我对于管理的看法很简单,就是经营企业要有一个好的团队,所以我非常重视人才招聘工作,也经常会亲自去面试一些求职者。

很多时候,我都感觉面试就像神农氏尝百草一样,分辨出的好的人才很少,多数都是很平庸的人,还有一些是骗子。不过,我最近面试了一个女性求职者,非常另类,值得说一说。

这位求职者是从三本院校毕业的，但是因为她的家庭条件不错，所以要求比较高，想找一份好的工作，她认为的好工作就是"活少钱多离家近"。她刚开始时去了一家民办高校，那里却是"钱少活多"，还不自由。她没有达到自己的心理预期，自然就愤愤不平。于是，她就一边在那个学校里混日子，一边寻找新的工作。

见面后，我问了她几个问题，发现她的思想很传统，应该无法适应我们公司的要求。我看到她一直在喋喋不休地抱怨，就开导她，劝她还是要找份工作踏踏实实地做。她能力不大，脾气却很大，狡辩说她的观点并没有错。我本来是为了帮助她想开点，没想到她并不领情，看来我也要改改自己的毛病了，不能多管闲事了。

很多人都愿意在错误的道路上狂奔，别人也无能为力，只能由他们去吧。

三板斧

最近，一个初级管理者对我说，他负责管理的人不能自觉地工作，也就是说他们不会主动去找自己应该做的更多工作。这个说法听起来很合理，其实不然。

管理者和被管理者的职责是完全不同的，管理者负责管理，管理就是发号施令。被管理者的职责，就是听从管理者的指令，去具体执行。

所以说，如果没有管理者的指令，被管理者无所事事是天经地义的事，是无可指责的。有的管理者会认为，被管理者应该自觉、自愿地去发现和寻找应该做的工作，这个观念其实是完全错误的。

被管理者无所事事，责任不在被管理者，而在管理者，这是我们必须非常明确的。当然，如果在管理过程中被管理者违抗合理的指令，那么公司只有一个选择，就是解雇这个被管理者。

作为管理者，首先要有管理的勇气，就是敢管、敢去训斥、敢去处罚，甚至敢去解雇那些不合格的被管理者。其次才是擅长管理、会管，因为管理也是有一定技术含量的。

在一个团体中，有2%是非常优秀的人，这是公司的核心力量，是管理者。其次就是90%的普通员工，他们也非常重要，是企业发展的基础力量。还有8%则是害群之马，朽木不可雕，需要不断清理。

经营好一家企业，就是要通过那2%的精英，组建一个强有力的团队，先去清除8%的害群之马，剩余的工作就是要管理好那90%的普通员工。管理者的职责，就是要不断地去发现问题，领导好被管理者。对于管理者来说，不要去指望被管理者会自觉地找活儿干，而是要下达指令，监督指令的执行情况，最后验收结果。

记得小时候听《隋唐演义》，里面有一个著名的人物程咬金，他使用的武器是一把带柄的大斧子，也叫板斧。他只从老师那里学会了三招，重复来重复去。但是和敌人对阵的时候，他总是冲在前面，抡起板斧，虎虎生风，非常有威力。程咬金是一个运气很好的人，最终成为唐太宗的手下大将。

我认为在管理方面首先要有程咬金的那股劲，面对压力、面对困难无所畏惧，敢于往前冲。有很多管理者对公司信誓旦旦地承诺敢去管人管事，但是真有事的时候，却往往采取放水的方式来欺骗公司。这样的人是典型的懦夫，根本不足以担任管理者的职位。

所以，管理者还是要学学程咬金，要有"三板斧"精神，否则是很难做好管理的。

放　下

前年，我在网上买了一幅字，花了 30 多元钱，装裱起来以后，挂在我的办公室里，感觉非常不错。这幅字的内容只有两个字——"放下"，看起来非常有禅意。对于这两个字，我有很多感悟。

一、关于教育

我的周围有很多朋友都非常重视孩子的教育，而且当下整个社会都是如此。但是，我个人认为，真正能够从学校教育中学到真知识的人，往往都是少数。因为有很多人学不懂数理化，记不住那些历史、地理知识，更无法理解那些抽象的哲学问题，所以收获很小。

我读高中时有一个同学，期末考试物理成绩非常差，在老师讲评后，他还是听不懂。放学后，有的同学又耐心地给他讲了一遍，他还是不懂。最后的高考成绩不出意料，很差。我举这个例子是要说明，我们经常说"人人平等"，其实在智力方面、在能力方面，人人是不平等的。

想通了这个道理，我们就要适当采取"放下"的态度，在对待孩子的教育问题上注意因材施教，不要再去为难孩子，否则最终也是徒劳的。

二、关于亲戚朋友

在生活中我们会遇到很多困扰，特别是和亲戚朋友的相处问题。例如，当亲戚朋友遇到困难的时候，我们出手帮助了他们，但一旦自己有了困难，他们却漠不关心，这时我们就会非常纠结。产生这种问题的原因，其实是我们自己对社会的认知不通透。

这个社会上有不少人，是不懂得知恩图报的，而我们的问题，就在于自己的思维总是直线型的。我们会想当然地认为：我以前帮助过你，现在我有困难了，所以你也会同等地帮助我。事实证明，这个想法是错误的。于是，苦恼就产生了。实际和我们想象的差别太大了。

但如果我们有了一定的认知，对于亲戚朋友的看法就会改变，我们就要有选择性地去对待他们。对于正直、品德高尚的人，我们要认真对待；对于不懂得感恩的人，则要学会拒绝。这也是一种"放下"。

没有期待，也就没有失望。我们之前的困惑，仅仅是因为自己不明白而已，明白了，也就"放下"了，没有困惑了。

三、企业管理

刚开始创业的时候，我有一个不好的习惯，就是喜欢苦口婆心地规劝那些不认真工作的员工，但是往往收效甚微。我的公司有一个员工，虽然有点能力，但工作总是不认真。他的父母都是农民，家里很穷，简直就是家徒四壁，唯一的家用电器就是一台老式电视机。按照常理，这样的家庭状况应该会促使他努力工作，改变现状。但事实是他对待工作一直吊儿郎当，经常生产出不良产品。于是，我就一次一次找他谈心，劝他好好工作，多学一点技术，可以赚更多的钱，来改善家庭的经济条件。他每次都会诚恳接受，表示会认真对待自己的工作。但过了一段时间，他又故态萌发了。后来我不得不解雇这个人，因为他屡教不改，我们也就只能"放下"了。

随着管理经验的不断增多，我逐步认识到，在员工管理上，最好不要试图通过劝说来改变一个人，而是首先要选择符合公司要求的人。一旦这样想了，也就"放下"了，不再为那些不懂事的人而纠结，只要是不符合公司要求的员工，我们基本上就可以直接把他解雇掉。毕竟多数人的能力是有限的，不要指望他们做出多大的成绩，对于大多数的普通员工来说，我就只有一个要求：认真工作，践行工匠精神。

看来，"放下"这两个字，确实是很有道理的。凡事想通了，也就放下了，就不会再有困扰。

关于招聘 CEO

最近几年，我一直都在招聘 CEO，但是进展不太顺利。那些看起来"高大上"的应聘者，在我的测试面前往往表现得一塌糊涂。我觉得，要从事比较重要的管理工作，首先自身要建立起一套成熟的思想框架。可能谈到这个问题，多数人都会懵懵懂懂，不知所云。其实，说得简单明了一点，就是你的管理思想到底是传统的那一套，还是先进的那一套。

有一个来应聘 CEO 的人，我问了他一个问题：喜欢看什么书？他愣了一会儿，才说他喜欢钱钟书的《围城》。于是，我就知道这个人是个"注水货"。一个人在工作中没有发现问题的能力，也就没有动力通过读书学习来解决问题。这个人随口说出了《围城》这本书，是因为这本书比较流行，很多人都知道，包括那些不看书学习的人。但是，真正看过《围城》的人，都知道一个事实，那就是钱钟书在书中并没有提出自己的什么观点，他没有支持什么，也没有反对什么。这只是一部小说。对于一个未来要担任 CEO 这种重要职位的人来说，起码要在平时读一些先进的西方管理学著作吧。看来这个应聘者的认知水平确实比较低，这样的人竟然出来应聘 CEO，也是有点自不量力。

很多时候，我还会问应聘人员一个问题，就是他们对中西文化的看法。当然，多数人的选择都是：中西文化各有优点。说这个答案的人，往往都会认为自己的选择非常正确，这也符合社会上的主流观点。对这个问题的回答，可以反映出应聘者是否建立起了自己的思想框架。建立起思想框架的人，会非常清晰地认识到：中国文化和西方文化其实是并行的两个方向，如果他们没有好好学习，就看不到这个问题。但是，管理学必须要解决这个问题，既然在思想的根基上错了，那么他自己所说的懂管理、会管理，也基本上是自欺欺人。

要从事高级管理工作，首先要读懂两本书：哈耶克的《通往奴役之路》和弗里德曼的《自由选择》。然后，我们就会明白如何去区分别人的权利和自己的权利。在这个基础上，我们才会进一步发现：管理企业，就是要建立一种游戏规则。而理解这套思想，是管理一个企业必须要解决的问题。只有学会了这些知识，我们才能明白企业管理的核心问题，才能提高自己在企业管理上的认知水平。

但是，我发现多数管理者并没有解决这个问题，所以他们的管理还是凭自己的经验，每天都在努力地管理别人，这样带来的结果往往都很低效，根本就不是科学管理，更不是现代管理。如果我们的企业被这些不学无术的人管理着，被他们领导在错误的道路上，那么企业发展必定困难重重。

对于企业来说，核心工作就是找到真正的人才，来管理好自己的公司。就像三国时期的刘备一样，在事业刚有起色时，搞不懂自己的团队接下来该如何发展，着急地四处招贤纳士，而一旦找到诸葛亮，就突破了这个瓶颈问题。

如何成为有钱人

我估计所有人都会对这个话题感兴趣，因为成为有钱人，过一种轻松的生活，是每个人的目标。在此，我还是要再次说明，我所有的观点都是个人看法，可以诚恳地说，我的多数观点都是有疑问的，甚至有一些观点是错误的，但我还是要真实地表达我的观点。

当今社会竞争激烈，要想成为有钱人，确实很有挑战性。我通过大量的读书和多年的商业实践，觉得有必要说说我的看法。

我在书上曾经看到一句话，那些在商业上取得巨大成功的人，尽管各有各的特点，但是他们都有一个共同的特点：正直。这个结论看起来没头没脑，但是仔细想想就会明白。要想成功，必须具有领导力，而领导力的前提就是正直，只有正直的人，才能赢得别人的信任，接受你的领导。这个时代早就不是单枪匹马闯天下的时候了，只有一群人变成一个有战斗力的团队，才能在激烈的市场竞争中获胜。在现实生活中，那些满脑子歪门邪道的人，他们看起来很努力，其实像无头苍蝇一样到处乱撞，最终还是会一事无成，根源就在这里。

除了正直，还要足够聪明。《孙子兵法》说："兵者，诡道也"，说的就是要在战场上取得胜利，没有点智慧是不行的。

最近，正和岛出了一本书——《本质》，主要内容是说，要成为有钱人，就要有过硬的本质。一个人的本质和天性，对一个人的成功是起决定性作用的。当然，即使是天才，拥有很好的天性，也还是需要不断学习的。我认为，要想在竞争中脱颖而出，必须要得到很好的教育和培训。当然，教育和培训只对那些聪明的人有用，对那些愚笨的人来说用处不大。

我一直倡导终身学习，那怎么学习呢？对于创业者或者企业管理者来说，我建议首先要学习西方的哲学思想，因为这些知识都是宗旨性的，然后再学习西方企业管理学的知识，这是解决具体问题的。也有很多朋友投资股票，我的建议还是先学习西方的先进哲学思想，其次学习西方投资大师们，比如索罗斯、彼得·林奇、格雷厄姆、查理·芒格等人的著作，如果有空也可以看看我国那些优秀投资人的书，比如但斌、李驰、邱国鹭、张化桥等，也有一定的参考价值。

我最近有一个想法，就是希望在全国推广这样的学习，让那些有事业心、想成为有钱人的人，能够有效地学习西方优秀的管理思想。当我们学懂了这些先进的管理理念以后，我们就会惊奇地发现自己发生了脱胎换骨般的改变。

假如你正直，又足够聪明，善于学习别人的先进思想和经验，那么剩下的问题就简单多了。

这就是我对于成为有钱人的看法，希望能够对你有帮助。

我的老师

我小时候生活的地方是没有幼儿园的,所以我基本没有上过幼儿园。所以,我接受的知识都是从小学开始,到初中、高中,然后经过那场竞争激烈的高考,去南京读大学,这其中有很多老师教过我,但是我今天要重点说说我的高中班主任,以此来表达我对这位老师的敬意。

我的高中班主任姓王,她在年级的所有班主任老师中,并不是看起来最努力的人,但她真的很会管理学生。在学校里,总是有很多老师喜欢声嘶力竭地管教学生,每天都辛苦地陪着学生学习,身心俱疲。但是,我发现王老师不是那样,她利用自己的言传身教,利用合理的管理方式,反而把班级管得很好,最后的高考成绩就证明了一切。

那个时候,我们学校是县城最好的中学,每个班级都会有一些当地的干部子女,据说很多都不是通过正规考试进来的。因为当时的中考非常难,有的乡镇上百个学生,只有几个人能考上,而高中全部加起来也不过六个班级。有的老师喜欢关照那些干部子女,但是王老师在这方面做得很好,她一视同仁,不会去刻意讨好那些有背景的学生,这一点赢得了所有学生的尊敬。于是,王老师逐渐在班级管理上树立了威信,大家都对她心服口服。

那时,我的学习成绩很好。有一次,我穿着父亲年轻时的一件很破的旧军装去了学校,那天课间,王老师把我叫到办公室,说我穿的衣服是我们学校最特别的一件，她准备和其他几个老师商议一下，一起资助我。我当时听了非常感动，但还是拒绝了。我穿得差，并不是因为我的家庭有多么贫困。当时，我的父亲在乡镇供销社工作，母亲在一个私营鞋厂工作，和班里其他贫困生相比，我还不是最穷的，只是我不太在意自己的穿着而已。虽然如此，我还是很感激王老师和其他几位老师的善意。

后来，我自己创业当了老板，才理解了一个问题：为什么那些天天拼命苦干的老师，他们管理的班级高考成绩却不好？究其原因，就是他们忽视了科学管理。而王老师的言传身教，就非常符合管理学上的一个重要观念，那就是一个卓越的管理者，首先要管理好自己。

那些素质低下、背信弃义的人，为什么很难成功？就是因为他们不懂得这个道理。作为一位管理者，你管理的人员时时刻刻都在看着你，如果你无法管理好自己，那就丧失了领导力，就不可能创造出成绩来。所以，有人说坏人是不可能成功的，这话确实有道理。

我以前雇佣过一个主管，让他负责投资业务。当时，他还和别人合伙开了一家饭店，所以他外出时总会顺便带着我们的司机给自己的饭店采购物品。有一次，他和司机发生了一些口角，司机直接过来告诉了我有关他的事情。于是，我停止了和他的合作。在我看来，管理者必须要管理好自己，身正才能不怕影子斜。

今天写了这么多，除了表达我对老师的敬意之外，也顺便解释了一个管理上的大问题：管理者首先要管理好自己，然后才能管理好手下人。相信很多管理者都会忽视这个问题。做管理者并不容易，必须马上行动起来。

车间主任

我们公司一直都很重视车间主任的招聘工作，因为这是一个很重要的管理岗位。对于公司来说，那些承担压力、责任很大、需要解决问题的管理岗位，都是非常重要的。

对于这样的职位，我们有两个要求。

第一，敢管。

敢管就是要有管理的勇气，不怕得罪人，不怕那些刁钻之人的威胁利诱，能够迎难而上。这样一个基本要求，就会淘汰掉大多数的求职者。作为车间主任，就需要严格管理员工，就要敢于同一些不良的人和事做斗争。那些性格懦弱的人是无法完成管理职责的，他们擅长和稀泥，谁都不得罪，可他们忘记了，他们这么做反过来也损害了公司的利益，公司又怎么会让他们继续负责管理工作呢。我们公司原来有一个车间主任，很会做人，公司上下几乎没人说他不好，但公司最后还是解雇了他。为什么？因为他不是一个合格的管理者。就像有人说的那样：若高层不狠，中层不坏，这个公司的管理是做不好的。可谓言简意赅，一针见血。当然，高层不狠的狠，并不是指人性的那种狠，而是说在重大问题上要敢于拍板；中层不坏的坏，也不能理解为人性的那种坏，而是说作为中层一定要坚持原则，对于损害集体利益的事情要据理力争，不能混日子。

第二，会管。

管理是需要智慧的，多看看那些管理方面的书、哲学方面的书，可以帮助到管理人员，让他们多吸收一些新的管理思想。管理人员是需要有新思想的，并且要能够理解为什么要用新思想去管理员工。

这些不仅仅是对车间主任的要求，而对于所有管理岗位都是如此。

敢管、会管，也就是要有勇有谋、智勇双全。如果你不具备这种能力，那么你就只能做一个被管理者。

雍正王朝

电视剧《雍正王朝》非常精彩，我最少看了三遍，很受启发。在这里，我要分析一下几个主要人物之间的关系，来阐明人和人之间的矛盾，往往都是因为认知能力不同而引起的。

一、雍正和他的兄弟

雍正和他兄弟之间的关系多数都非常紧张，有的甚至到了水火不容的地步。他只有和十三弟允祥关系最好，他们是同父不同母的兄弟。但他和十四弟同父同母，关系反而非常差。

血缘关系更近的兄弟，却比不上血缘关系远一点的兄弟，这究竟是为什么呢？我分析，原因就是他的十四弟认知能力低，难以沟通。雍正和他的十三弟沟通很好，而和另外那些兄弟就沟通不了，矛盾重重，最终导致分道扬镳，甚至闹得鱼死网破，其根本原因就是认知水平不同。

在我看来，两个聪明人之间更多的会是合作，基本很少有大矛盾。而两个笨人，或者一个笨人和一个聪明人之间，往往会有不可调和的矛盾。因此，我的建议就是，假如你很聪明，就要去寻找那些聪明人合作，认知能力一致，沟通交流就会非常顺畅，这样内耗也会很少。

二、雍正和他的亲信

在这部电视剧中，雍正主要有两个亲信：年羹尧和李卫。雍正和年羹尧是姻亲，年羹尧的妹妹是雍正的妃子。但由于年羹尧太蠢，经常会做出一些犯上的事，最终雍正不得不杀了他。而李卫却是一个聪明人，和雍正互相信任，关系一直都非常好。由此也可以得出这样的结论：聪明人之间非常容易合作，而笨人总是挑起事端，最终导致合作失败。

看影视剧也是学习的一种方式，我们从中可以明白很多道理。从上面的分析看，在现实生活中，人和人之间的矛盾，往往都是一方或者双方在智商上有问题造成的。合作的双方，只要有一方智商低下，那么在合作的过程中肯定会发生冲突，甚至导致合作项目彻底失败。

再重复一遍比尔·盖茨的话：我相信我是一个值得信赖的人，我也只和我信赖的人合作。其实，比尔·盖茨就是一个聪明人，他也只和聪明人合作，不花费时间在与笨人的周旋上，因此取得了巨大的成功。

在日常生活中，我们往往会忽视那些正直的人，却被花言巧语所迷惑，以致选择去与那些愚蠢的、不善良的人合作，这样做的后果往往是损失惨重。当我们遭遇挫折的时候，都需要反省自己，是自己忽视了对于人性本质的思考，而被那些外在的东西所迷惑。所以，古人说："君子务本，本立道生"，意思就是明智的人追求事物的本质特征，把握住了本质，事情就会成功。

同样，我们做企业管理，也一定要学会观察、研究人的本质，洞察他的智商、他的价值观，是否与我们同频共振，否则就会一直在错误的道路上狂奔下去。

第四部分

论文化：竞争才是世界的真相

为什么

投资大师索罗斯是一个真正热爱哲学的人，正是由于他对哲学的深刻理解，才使他在投资方面取得了巨大成功。所以，当你想要有一番成就的时候，我建议你多去学习哲学，提高认知水平。

从小到大，曾经有很多事情困扰过我，经过这么多年的工作实践、这么多年的学习，我开始有点明白了这个世界。

一、读书

很多人在读书的时候不努力，其中有一部分人是因为智商低，无法把学习进行下去，另外一部分人则是因为不知道学习的重要性。常言说"书中自有黄金屋"，这是有道理的。可惜他们的认知水平太低，不能意识到放任自己的后果，也就是我们常说的不懂事，贪玩、逃课、没日没夜地打游戏。他们采取这种"自作孽"的生活方式，是为什么呢？

二、饭店

有很多饭店普遍存在着一些问题：环境脏乱差，尤其是洗手间；饭菜粗制滥造，还用不新鲜的食材做菜；服务态度不好。我常常在想：这是为什么？作为服务行业，是什么原因导致他们如此对待顾客？

三、律师

经济发展导致人和人之间的纠纷增多，于是律师们也忙了起来。但是，有很大一部分律师是有问题的，他们法律知识薄弱，不和委托人说实话，在诉讼过程中也不尽心尽力。他们拿着高昂的律师费，却不去为委托人努力，反而利用信息的不对称来坑害自己的委托人。我常常在想，这是为什么呢？

四、工人

我见过很多家徒四壁的工人，他们不愿意吃苦受累学习技术，却热衷于网络游戏，热衷于下班后推杯换盏。他们在工作的时候无精打采、浑水摸鱼，到了网吧反而精神抖擞，兴高采烈地打游戏、看电影。他们不去思考自己的职业规划，不考虑自己的父母面朝黄土背朝天地辛苦劳作，不去想想家里节衣缩食的生活，还继续这么懒散，到底是为什么呢？

五、企业主

有很多企业主在经营过程中漠视产品质量，不愿意讲诚信，喜欢压榨自己的供货商，长时间拖欠货款，有时候一笔几万元的货款就要拖欠两年多，别人得跑十几次来讨要。他们漠视员工的权益，食堂饭菜做得一团糟，他们却不闻不问。他们任由员工们在污染严重的工作环境里工作，只是为了节省一点成本。我甚至还遇到过一个企业主，给他打过去几万元订金后，他们提供的样品不合格，再找他时，竟然直接拉黑我，从此联系不上了，我的订金也白白损失了。这些人总是喜欢漠视诚信经营，这究竟是为什么？

不要以为我说的这些事都只是个例，其实在现实中往往具有普遍性——这才是真正的现实！我以前经常感到疑惑不解，这到底是为什么？他们为什么要这样选择呢？通过我的学习和思考，我终于明白了为什么。

我们一般都会认为诚实是一种品德，其实诚实是一种能力。当我们的认知水平达到一定高度时，我们就会理解，诚实符合我们利益最大化的原则。那些不诚实的人、不讲诚信的人，就是因为认知水平差，无法理解常识，他们其实就是在作践自己。那些贪玩不努力读书的人，是在努力摧毁自己的未来；那些不认真学习技术的工人，是在努力毁掉自己和家庭的生存空间；那些不诚实的律师，是在努力摧毁自己的信誉；那些不重视顾客的饭店，是在努力驱赶自己的顾客；而那些毫无诚信可言的企业主，每天都在一点一点地自毁长城。

他们缺少独立思考的能力，决策被欲望所控制，他们觉得自己的不诚实和漠视诚信，是赚了大便宜。其实，如果我们稍微深入研究市场经济规律，就会知道，他们不诚实的选择，最终都是在作践自己，甚至摧毁自己。他们不能理解市场经济中竞争机制的作用，说到底还是因为他们没有思考的能力。

从另外一个角度看，当多数人都选择懒散和欺骗时，我们要看到其中的机会，这里面往往存在巨大的套利空间。我们只要和他们反着做就行：上学的时候，我们要非常努力地读书；当工人的时候，我们要认真工作，好好学习技术，不断提高自己的能力；当律师的时候，要诚实、诚恳地对待自己的委托人，坚持说真话，竭尽全力维护委托人的权益；经营饭店的时候，我们要给顾客提供色香味俱全的美食，以及干净整洁的环境、面面俱到的服务；当老板的时候，我们要坚守诚信，平等地对待供货商，善待员工，给客户提供质优价廉的产品。

这就是我说的套利机会，也是我经常说的"常识"。其实，想清楚这个常识并不容易，正因为如此，那些愚蠢的人才选择了反其道而行之。

理解了我说的这个常识，我们就能做一个理性人，一个善于发现机会、敢于竞争的人。

金字塔

有人说，中国的社会结构是金字塔形，而西方国家的社会结构是纺锤形，也就是最成功的人和最不成功的人都占少数，而占多数的是中产阶层。他们认为这样的社会结构是稳定的、和谐的，其实这样的观点有些一厢情愿。

在投资市场上有一种成熟理论，是经过市场反复验证的，这个理论就是"多数人是错的"。用巴菲特的理论来说就是"在别人恐惧的时候要贪婪，在别人贪婪的时候要恐惧"，其实，他说的"别人"指的就是市场，或者是代表市场的多数人。任何一个成熟的市场都会遵守这样的原理：只有少数人成功，多数人都会失败。这样的市场才是正常的。

古人说的"一将功成万骨枯"，就是这个道理，即一个人的成功是建立在一万人失败的基础上的。所以，那些认为纺锤形社会结构是最好的人，实际上是一厢情愿。在我看来，符合社会实际情况的形态应该是金字塔结构，或者说是等边三角形。

从企业管理的角度来看，任何一个好的团队都是金字塔形，也就是少数人在上层负责管理，他们一般都是德才兼备的人、有本事的人，而构成金字塔基座的多数人都是能力一般、愿意践行工匠精神的人。

其实，一个和谐的公司就要形成这样一种良性的结构：让那些有冒险精神、有足够智慧的人来领导公司前进，去进行市场竞争。其余的多数人，要接受他们的管理和领导。这样的团体才是好团体，这样的公司才是好公司。当然，一旦公司成功了，那些占据领导地位的少数人势必会得到更多的利益，而多数人也都会有很好的收益。

对于任何一个团体的管理来说，都只有一个标准：让那些真正有能力的人来负责管理，而让被管理的多数人都努力成为好的工匠。这种金字塔结构，才符合所有人的利益。

如何闯世界

这个话题估计大家都会非常感兴趣。因为我的周围有很多人都是打工者，但我也相信多数人并不太会打工，所以，我觉得有必要从打工者闯世界的角度，来谈谈我的一些理解，以便帮助大家更好地做自己。

首先，我要向打工的朋友们推荐一部电视剧——《雍正王朝》。从这部电视剧可以看出，在激烈的竞争之中，如何成为最终的赢家。比如我前面说过的李卫和年羹尧。在有感于李卫的聪明才智之余，我们也会认识到年羹尧的愚蠢，他就是因为不懂闯世界的游戏规则，错误地判断了形势，最终招致失败。

同样，我认为在打工的路上，也要理解闯世界的规则。首先，要根据自己的具体情况，来决定自己该怎么去努力。如果你是一个非常有才能的人，又有勇气，那么你就要像诸葛亮一样深思熟虑，选择一个最适合自己的平台。那么，什么样的平台是最适合自己的呢？最关键的是企业主要具有现代管理思想，因为这样的企业主知道怎么经营企业，知道不能仅仅依靠自己单打独斗，而是要依靠团队。而一个好的团队最需要那些智勇兼备的人才，所以你要找到这样的平台，才能真正发挥自己的能力。通常来说，重视团队建设的企业，都非常重视利益分享，所以当你加入这样的企业，找到这样的平台时，本质上就是开始为自己打工了。平台的成功，自然也是自己的成功。分享企业的利润和普通的工作收入，两者的差距是巨大的，不在一个量级上，这笔账任何人都能算清楚。等到进入好的平台以后，就要处处替平台考虑，对于任何损害平台的事，你都要果断处理，坚决站在平台一边。在这方面还是要学习李卫，任何时候都站在以皇帝为代表的团队一边，这才是正确的选择。那些对待团队、对待平台两面三刀的人，才是真正的愚昧。他们一边向公司承诺他们会恪尽职守，一边转过脸来就放弃原则，去损害公司的利益，在被管理者中充当好人，这就是我们说的"两面人"，其实都是心智不成熟，没有理解规则而已。

当然，大多数打工者都是非常普通的人，没有太高的学历，没有太好的悟性，可能注定不会有太大发展。那么他们最好的选择就是努力学习技术，在技术上追求进步，因为毕竟企业都需要好的技术工人。企业为了产品质量，也会重视这些有工匠精神的人。所以，对于多数人来说，这才是最符合自己利益的选择。

有很多人总是在失败的时候，天真地以为自己怀才不遇，而不愿意看清自己的本相：缺少智慧，缺少勇气，只是一个普通人。他们每天都在做梦，想去完成那些有难度的工作，去过那些精英一样的生活，这就是在自欺欺人。

在社会上工作、生活，每天都会面临竞争，即便想做个合格的打工人，也要有点脑子。我在这里想推荐一本书——《沧浪之水》，我认为它是打工人必看的，读完它，你就会觉得自己的生活有了意义，人生有了奔头。

总之，在闯世界的路上，我们要经常问自己三个问题：我是谁？我从哪里来？我要到哪里去？做任何选择的时候都要记住：我们是为了自己，是为了自己的自由。

心软的代价

我还是要继续给那些想自己创业或者从事管理工作的年轻人上课。我的上课方式很简单，就是讲述我自己的亲身经历和教训，来说明管理和经营方面的问题，让那些年轻人能够警醒，不用再去犯同样的错误。我认为，这样做是一件有意义的事情。

我在读哈耶克的书时，对里面的一句话印象很深刻：我们向一个目标努力，最后总是"播种了龙种，收获的却是跳蚤"。导致这种结果的原因有很多，我通过不断的自我反省，认为主要原因还是在于，我违背了原则，水平不够，心太软，结果给自己带来太多麻烦。

大约在 2010 年左右，一个做生意的熟人说自己资金周转困难，需要向我借钱。我考虑了一下，毕竟大家都很熟悉，正好我的手头也有点闲钱，就答应了他。于是，他找了他们村里的人担任借款人，他担任担保人，我们签了合同，所有借款都符合程序。但是在借款的时候发生了一点问题，那个借款人没有带银行卡，他们要求我把这笔资金通过网上银行转账到担保人的卡上，这其实是违反流程的。我本能地拒绝这样做，但是这个熟人不断央求，又赌咒发誓，最后我答应了他的请求。因为大家之前也有业务合作，他曾经给我介绍过借款业务，我是信任他的，并且在内心里还是感激他的。

我根据要求，把应该转账给那个借款人的钱，转给了这位作为担保人的熟人。我当时深信不疑，觉得他绝对会按时还款的。他外表看上去非常憨厚，给人的感觉很亲切、很诚恳。

事情的发展却令人大跌眼镜。这个熟人翻脸了，或者说他开始的时候这样操作就是为了欺骗我，是在处心积虑地坑我，希望通过这样的方式赖掉这笔钱。

经过反复确认，我明白只有通过诉讼才能追回这笔钱，本来很简单的事情一下子变得非常复杂。就是因为我经不起对方的央求，把应该转账给借款人的钱，转给了担保人，这在借贷流程上是有瑕疵的。首先是找不到那个借款人，在诉讼过程中只能反复起诉。因为找不到人，被法院驳回，过一年再起诉，又因为找不到人，又被驳回，真是身心俱疲。我非常后悔，当初一时心软，把事情搞得一塌糊涂，真是自作自受。

经过近六年的努力，终于可以开庭了。经过律师在法庭上的辛苦答辩，我们终于胜诉，但是很多正当权益都没有得到支持。但即便这样，那个被告的熟人还是不依不饶，他又上诉到青岛中级人民法院。于是，我和律师又去青岛开庭。在法庭上又经过一番激烈较量，最终维持原判。本来以为这件事终于结束了，但是对方的战斗力确实惊人，他们又在法院启动再审。万幸的是，过了一段时间，我收到再审的裁定书，还是维持原判。刚刚松了一口气，对方又以这一瑕疵为由到检察院抗诉，我不得不再去检察院出庭，又是一番激烈的较量，唇枪舌剑，真是伤透了脑筋。检察院经过严格的审查，还是驳回了对方的抗诉，案子终于尘埃落定。

但是不久，对方又去告我涉黑，于是我又不得不接受调查。我一直都是一个遵纪守法的公民，做事从来都坚守自己的底线，没有做过伤天害理的事情，最后我顺利地通过了审查。

这件事情变得如此复杂麻烦，主要原因还是我在最开始时违反了正规流程，存在侥幸心理，这才有了这趟不必要的惊心动魄的历程。借用万科创始人王石的话就是，我快50岁了，很多时候还是感觉自己像个青涩的苹果，非常不成熟，像个白痴一样由着别人耍弄。

当然，发生这样的事情，都是我自己的问题，心太软让我付出了很大的代价。经过这件事，后来有很多时候我都不再通融，也是不敢再通融了，好心反而会带来很多麻烦。这时也有很多人诋毁我，说我是个冷血的商人、无情无义的人。其实，如果你经历过我的这些事情，你就能明白了。在经商路上，任何时候都要按照规矩、按照流程来处理事情，否则真的会给自己带来巨大伤害。

不过，我经历过的挫折和我另外几个朋友相比，简直就是"小巫见大巫"。他们的经历更是惨烈，而且都是因为心太软，轻易相信别人，导致倾家荡产。以致很多时候我都后悔自己去经商。

我讲这个故事，就是想告诉那些想从事管理的人、那些正在创业路上的人，做事的时候一定要坚持正规流程，不能因为别人的苦苦哀求就放弃了自己的原则，无论别人如何诋毁你冷酷无情，心该硬的时候都要硬起来。

刀刀刀

我经常喜欢把自己的亲身经历写出来，来启发那些管理者、创业者。这次就说几个商战的故事吧。

我刚创业的时候是在潍坊，厂房是租赁别人的，都是一些非常简陋的房子，并且只有一面墙有窗户，导致的结果就是车间冬天很冷、夏天很热，无奈之下我们也只能坚持。我的房东是一个很和气的人，非常热情，经常一起吃饭，今天他请我，明天我请他，看起来关系非常融洽。经过努力，公司的生意有了点起色，开始走上正轨，可是房东的生意却越来越差。于是，他就开始动歪心思，想做和我一样的生意，说得直白些，就是要抢我们的生意。他找了三个有资金的人一起合伙，计划投资同样的设备。他们的计划非常完美，先派一个工人来公司打工，潜伏着学习热处理工艺，因为热处理工艺有着很高的技术门槛。很快，我们就发现了这个潜伏的人有问题，因为他在学习技术上太过于热情主动，总是向技术人员打听各种技术数据。经过一段时间的观察，我解雇了这个潜伏者，挫败了他们偷盗技术的图谋。

很难想象，一个外表憨厚老实的人，竟然会派卧底到我的公司来偷窃技术。后来，针对这件事，我写了一副对联："当面好好好，背后刀刀刀",横批"两面三刀"。大家都说这副对联写得非常恰当、非常贴切。商场就是战场,总会有一些脑洞大开的人,想要做我的老师,教育我,甚至教训我。当然,我也得以不断进步、不断成长。

今年春天,公司也招聘过一个销售人员。来公司的时间不长,他就开始刺探我们的一些信息。他想得太简单了!因为我们公司非常重视员工的保密教育,所以很快他就被几个人同时举报。当然,他马上就被扫地出门了,并且警告他,公司保持追究他责任的权利。

我说这两个故事,就是要强调:商业竞争是非常激烈的,有些竞争对手为了窃取商业秘密,甚至会采取一些非常不地道的手段,所以企业一定要加强保密工作,同时还要重视新员工的背景调查,那些心中有鬼的人都会很快露出马脚的。

人的黏性

这些年来,我去过中国很多地方,发现了一个比较有趣的规律:长江以南的地区,比如江浙沪、闽粤地区的企业诚信度一般都不错,人和人之间的关系比较简单,相互之间容易合作;而淮河以北的地区,很多企业的诚信度往往较差。当然,这只是我个人的看法,也是想借此来说明一些问题。

由此,我想到一个比喻,来描绘在南北两个地域的企业经营难度。在南方,像是一个人在齐腰深的水中行走,阻力也是有的,但是影响不大。而在北方经营企业，就像是在齐腰深的黏稠的胶水中行走，阻力很大，甚至有时候寸步难行，非常痛苦。

这种"黏性"就源于人的认知障碍。认知能力的低下，导致他们缺乏合作意识，扯皮推诿，无法理解在商业合作上讲信用是利人利己的事。那么，该如何消除这种不好的"黏性"，减少企业经营中的阻力呢？

目前看来，这种认知能力低下是长期形成的，短时间内很难改变。那是不是就没有办法消除这种黏性了呢？其实是有的，比尔·盖茨说过：我是一个值得别人信赖的人，我也只和我信赖的人合作。他说出了非常重要的一个解决方案，就是只雇佣自己信赖的人，只和自己信赖的人合作，这样做基本就可以免受那种不好的"黏性"的影响。所以，在这些地区从事企业经营，首先要雇佣那些值得信赖的人，尽量屏蔽掉那些负能量满满的具有"黏性"的人，这样就可以减少企业内耗，经营起来的阻力也会少很多。其次，公司在对外合作过程中也要有原则，只和那些值得信赖的人或者企业合作，并坚决屏蔽掉那些"黏性"太大的人和企业。这样一来，公司就不会受到外部阻力的影响。

经营企业，有些事情是我们很难改变的，比如在经营地域、员工、合作方等的选择上。就像某些地区的人具有很大的"黏性"，缺少建设性的作用，偏于破坏性，这是他们自身无法克服的，是一种根深蒂固的存在。我们能做的，就是研究他们、屏蔽他们，或者利用他们。想象一下草原上的狼群，它们展现出来的主要就是破坏性，基本没有建设性，而草原上有狼，这是一种自然现象，那么牧民的做法就是把羊群赶进羊圈，养几条大型的牧羊犬，最重要的还是准备好火力巨大的猎枪。

所以，从事企业经营就要做好思想准备，要好好研究各种各样的人和现象，尽力做到不受某种类似"黏性"的影响。

交朋友

俗话说得好："一个好汉三个帮，一个篱笆三个桩。"

人都是需要社交的。在企业管理方面，我们一直都在讲团队意识，商业活动就是一种团队合作的模式，单打独斗是很难把企业管理好的。而在日常生活中，我们也都需要朋友，互相关心、互相帮助。那么，什么样的人可以成为我们的朋友呢？

孔子对于交朋友有一个判断："友直，友谅，友多闻。"朋友，首先应该是一个正直的人，仅仅这一个标准就可以过滤掉大部分人。其次是"友谅"，朋友应该是宽容、善良的人。最后一个标准就是"友多闻"，说的是交朋友要交那些有见识、有独特见解的人，而有自己独特见解的人、能够独立思考的人，就是有智慧的人、智商高的人。由此看来，孔子对朋友的要求是很高的，一定要符合这三个标准：正直、善良、智商高。同时也能看出古人对于交朋友都非常慎重，交友不慎，往往会直接损害到自己的利益。

因此，我们在交朋友的时候，首先要剔除掉完全不符合这三个标准的极少数人，他们不正直、不善良，而且智商低，也就是人们惯常认为的坏人，他们的价值观扭曲，要彻底屏蔽他们。

在这方面我是有很多教训的，对于坏人太宽容，总感觉坏人也会改好，其实这是不可能的。西方人有一句谚语："不和魔鬼做交易。"可谓一针见血。我们在社交方面，要学会正确对待这部分人，不要存有侥幸心理与他们合作，当然更不要去帮助他们。

对于不完全符合这三个标准的多数人来说，我们也要理解。在这方面，可以看看勒庞的《乌合之众》。读过这本书，我们就会知道，像独立思考这种能力就并不是每个人都会有的。所以，我们在和这部分人交往的时候，要清醒地认识到一个问题：他们的思想往往是从众的，总是被自己的情绪所支配。在社交上，有机会可以选择和他们合作，但不可以单方面付出时间和金钱。在实践过程中，我们会发现，我们帮助过的一些人并不都是坏人，只是比较平庸而已。当然，在我们遇到困难时，他们多数情况下会无动于衷，也不要奇怪，因为他们就是这样的，知恩图报并不是他们的风格。所以，假如我们去帮助他们，就要知道这样的帮助一般是单向的，而不要认为我们有困难的时候，他们也会挺身而出帮助我们。

当然，生活中也存在完全符合这三个标准的人，他们正直、善良、有智慧，这样的人，才是需要我们重视的真正的朋友。当他们有困难的时候，我们要努力去帮助他们，因为这样的帮助是双向的。当我们有困难的时候，这些真正的朋友也会全力以赴支持我们。

这就是我对交朋友的看法，一定要有选择性。但愿我说的一切能够帮助到你，而不是刺激到你。

气　味

我们生活在这个世界上，应该怎样和这个世界相处呢？相信这是一个一直困扰着很多人的问题。

央视一套有一个节目叫《秘境之眼》，通过设置在野外的一些摄像头来记录野生动物的活动，每天两次播放很短的记录视频，我是非常喜欢看的。当然，这个节目也独具匠心，用这种方式提高了人们对野生动物的保护意识。

从《秘境之眼》这个节目中，我们会发现动物们大都有着很好的嗅觉，它们会时刻保持警惕性，随时都竖起耳朵倾听，抬头张望，同时用自己的鼻子四处嗅其他动物的气味。如果闻到有捕食者的气味，诸如鹿、狍子、野山羊等动物便会立刻跑开，这样就可以减少危险。这是草食动物经过长期进化而形成的一种本领。

由此我想到，在日常工作和生活中，我们也可以借鉴这一点。社会上有很多人，他们的思想观念和我们差异太大，也就是人们常说的"三观不合"。这种情况下，我们最好不要试图去改变别人的想法，因为就如弗里德曼说的那样，能够说服你的，只有你自己。很多时候，我们都要像《秘境之眼》栏目里介绍的一些动物一样，学会利用自己的感觉，来确定谁是朋友、谁是敌人。那么，怎么才能判断出来呢？

其实非常简单。例如，我写了很多文章，你可以根据我写的文章来判断我是一个什么样的人，以及是否与你的三观相合。近几年来，我通过在微信公众号写文章，结识了很多价值观相近的朋友。当然，也有一些人看我的文章，感觉彼此的三观非常不合，他们就会果断地取消关注，甚至在现实生活和工作中，他们也会屏蔽我，不再和我有任何交集。所以，我觉得我的文章就是我的"气味"，只有那些与我气味相投的人才会成为朋友，成为合作伙伴。同时，我写的很多文章也是一个过滤器，把那些和我观点差异太大的人直接过滤掉了。我屏蔽了很多人，都是因为三观不合。既然三观不合，就要删除掉他们的所有联系方式，不再继续交往下去，否则迟早会发生冲突。

我们和他人的互动，是通过各种渠道或采取各种方式进行的，例如通过交谈，就可以基本了解对方的思想观念。当然，通过微博、微信朋友圈、发布的抖音内容等，都可以看出这个人是否可以成为我们的朋友，甚至成为我们团队的一员。我们可以根据别人的这些信息知道他们是什么样的人，别人也可以根据我们的这些信息来了解我们。

在现实中，多数人对我们都没有任何意义，我们和他们的观念差别太大，他们只是我们熟悉的陌生人。基于这个思路，我们要做的就是，去和那些观念一致的人相处、合作，互相帮助，对于观念不一致的人，只是表面敷衍一下就可以了。

另外，我还要从管理角度来谈谈这个问题。企业管理最重视的是团队建设，就是要找到一些观念一致、志同道合的人，然后让他们组成团队去管理、驱动其他的多数人。怎么找呢？其实就像动物界一样，可以通过他们思想上的"气味"，来判断他们和我们是不是一路人。记住，不要想着去改变别人，而是要去寻找朋友。同时，我们也可以根据某些人思想上的"气味",来判断他们是否自私,本质是否恶劣,如果是的话,就要远离他们,远离危险。

无论是在日常生活中的为人处事,还是在企业经营中的人力资源管理,我们都要重视这个问题,因为真正让人们产生冲突的,都是由于思想上的巨大差异。

管理需要勇气

我在前面写过一篇关于"温柔"的文章,我们都知道这个词在多数语境中都是个褒义词,但是对管理者来说,它并不是一个好的选择。如果管理人员过于温柔,缺乏勇气,就很难做好管理工作。在现实中我们经常会发现,一些负有管理责任的人,他们害怕别人顶撞自己,害怕别人背后说坏话,害怕别人辱骂自己,甚至害怕别人殴打自己,致使他们在应该管理的时候却往往畏缩不前。甚至有些管理者在管理工作中还讲究会做人、情商高,一方面对公司信誓旦旦地承诺自己会搞好管理,另一方面却与被管理者打成一片,对某些被管理者的错误视而不见,甚至为之包庇、打掩护。这些人本质上属于骑墙派,而不是管理者。

所以,那些性格软弱的人、心理素质差的人、胆小怕事的人,公司是不能安排他们从事管理工作的。

天下熙熙,皆为利来;天下攘攘,皆为利往。从现实角度讲,我们之所以出来工作,都是为了追求利益。而在一个企业中,要想得到更多的利益分配，只有一个途径，就是成为卓越的管理者，成为能为公司冲锋陷阵的管理者，成为在工作中铁面无私的执法者，成为公司利益的守护者。

从事管理，不但要会管理，而且要敢管理。而在具体的管理过程当中，"会不会管"要放在其次，"敢不敢管"才是关键。管理需要勇气，而这种勇气或者说心理素质是天生的。有些人天生就勇敢，能够面对压力、不怕事。而芸芸众生之中，多数人是懦弱的，他们胆子小、怕惹事，别人一恐吓，他们就退缩了。这样的人是无法带好自己手下的，成不了一个合格的管理者，那么，企业又怎么会容忍你尸位素餐呢？

如果你缺少勇气、胆小怕事，你的唯一选择就是认清自己，接受现实，努力去践行工匠精神，成为一个工作认真的被管理者。

面对激烈的市场竞争，只有那些勇敢的人才有资格成为企业的管理者，也只有成为管理者，才有资格参与最大程度的利益分配——这就是现实！

坚如磐石

最近，我的一个朋友遭遇了一点小挫折。他是位律师，为人处事非常重视情义，总是觉得自己诚实，别人也会诚实地对待自己。可是，这次他错了。他经过艰苦的努力，为当地一个大建筑商挽回了巨大损失，但是在事情完成后，对方却找来各种借口不兑现承诺。于是，这位律师朋友只能是竹篮打水一场空。我们都对这件事义愤填膺，但也无计可施。

对于我自己或者我的朋友遭遇这样的挫折，我从来都反对去谴责那些不诚信的人，因为他们本质就是如此，他们不诚信的态度从始至终都坚如磐石。问题其实出在我们自己身上，只是我们不知道，还相信他们是好人罢了。我们需要做的，就是好好反省一下自己：为什么受伤的总是我们呢？实际上，这是一个认知问题，也就是说，我们对这个世界的认知往往是错的，我们太相信自己的直觉了。我们相信人心都是肉长的，现实却是多数情况下人心是靠不住的，而要靠制度、靠法律来保障自己的权益。我的律师朋友遭遇的这个问题具有一定的普遍性，我们都太过于感性，缺乏理性思维，我们每天看到的世界、我们深信不疑的种种，其实不是我们想象的那样——这才是我们遭遇挫折的根本原因。如果我们不从自身找原因，不愿意去深刻反省，毫无疑问，我们以后还会重犯同样的错误。所以，我们要深刻地认识到一点：在这件事上，那个不诚信的建筑商没有任何错，错都在我们自己身上。

我们以后做事的时候，首先要在思想上认识到这个问题，对于很多人来说，他们的不诚信是源于其本质，是坚如磐石无法改变的，我们不能对他们抱有任何幻想；其次就是我们要善于借助制度或者法律文书，来保证自己的权益。

虽然古语说"四十不惑"，其实对于这个世界的认识，即使是 50 多岁的人，也还是很青涩，还是不成熟。而我们唯一需要做的，就是不断反省自己，不断提高自己的认知。

子不语

今天是农历的冬至,是我们当地祭奠祖先的时间,上坟的人很多,到处都在烧纸。空气中弥漫着纸灰的呛人味道,乌烟瘴气。

不过,最近几年我改变了祭奠方式,不再买纸,而是买一束鲜花去祭拜我的祖父祖母,也算得上再次学习西方文化了。

孔夫子说"三人行必有我师",倡导学习要不耻下问;他还说"学而时习之,不亦说乎",强调了一种学习的方法,非常客观。但在这里我要说的是,《论语》中还有一句很有名的话,可能多数人都不知道,就是"子不语怪力乱神",即孔子不谈那些虚幻的怪异、鬼神之事。这个说法很中庸,看起来孔子不谈这些"怪力乱神",不发表意见,其实他不谈就已经表明了态度,他是否定"怪力乱神"的,也就是说他否定那些神鬼、风水等虚幻的东西。他不谈,表明他自己是明白的,他是蔑视的;他不谈,是因为他不愿意得罪多数人。

我是认同孔子这个判断的。我相信科学,绝对不相信"怪力乱神",而且在公司招聘员工时,我也会优先录用那些相信科学的人。

我的家乡胶州位于山东半岛,是全国文明城市和卫生城市,可这里有些人思想仍然很保守。例如,有不少年轻人相信算命先生,为了让自己孩子的出生时辰更加吉利点,他们喜欢用催产的针剂来让孩子提前出生,他们感觉这种人为干涉孩子的出生日期和时辰是为了孩子好,还为此沾沾自喜。再比如房子装修时，他们也要请那些装神弄鬼的风水先生来指点一番，若风水先生说房子有问题，他们便会天天忐忑不安。这其中不乏受过高等教育的人，竟然由着那些小学毕业的风水先生来忽悠，说起来都有点荒唐，但这样的事情即使到现在还存在。

更奇怪的是，还有很多企业家一方面宣称他们的企业要学习现代管理思想，另一方面却在家里、办公室里摆着菩萨、关公、财神。看来我们还是要不断地普及科学常识。

我们一定要重视科学、重视科学人才，只有这样，企业乃至国家才会真正地发展强大起来。

乌合之众

法国心理学家勒庞的《乌合之众》是在1895年出版的，时间过去快130年了，这本书的理论在现在看来依然非常深刻。不得不说，经典就是经典，真的能够穿越时空。

时代在不断发展，当帝王将相相继在历史上谢幕的时候，什么人会接着登上舞台呢？——群体，用勒庞的话来说，就是"乌合之众"。当然，他写作这本书也是有参照的，就是巴黎大革命，那个时候群体开始在社会上发挥巨大影响。我们从事企业管理工作，就是要研究群体，研究他们的特点。那么，他们有什么特点呢？

第一，群体和个体是完全不同的。当无数人聚在一起时，群体行为在本质上不同于个体行为。我国有一个成语"三人成虎",说的就是几个人的集体和单独的个人对于某件事情的影响程度是不一样的。在集体中,个人有了更多的勇气,当然也会丧失独立思考的能力。

第二,理性对于群体毫无影响,群体只受无意识情感的影响。这一点其实很好理解。群体是失去理性的,他们不会接受复杂的概念,只会认同简单直接的内容,他们容易盲从那些非理性的口号。

所谓群体,其实就是指占据人口多数的人,他们往往都是感性动物,不善于推理,却急于行动。他们往往没有什么值得自夸之处,却非常愿意夸耀自己的国家、宗教或他们所参与的神圣事业。

勒庞提出了对群体灌输一些思想和信念时,可以采用的三种方式:断言、重复、传染。在这点上,保健品行业就做得很成功。

断言就是夸大其词,夸张地讲述产品的功能,甚至有的功能纯粹是子虚乌有,但要说得斩钉截铁,不给群体思考的机会。

重复就是在媒体上不断重复那些保健品广告。在理性的人看来,这些广告毫无作用,但对于群体来说是非常有效的,因为他们非常相信自己看到的、听到的信息。

传染,也就是说信息像传染病一样互相传播。古人说"谣言止于智者",但在群体中,谣言的传播是没有止境的。

在企业管理中,我们也要深刻认识到这个群体的问题。在一家公司里,其实只有2%的人是理性的精英,90%都是感性的普通人,也就是乌合之众。当然,还剩余8%对企业有害的人,必须清除出去。

记得小时候在农村,家里都是用大豆油炒菜。油壶最上层的油清澈明亮,中间大部分有点浑浊,而油壶的底部则是一层黑乎乎、黏糊糊的油渣，这是不能食用的。这个油壶内部食用油的分层结构，就非常像企业的人员结构。经营企业就是要重视精英团队，管理好乌合之众，然后清除掉那些渣子。

我认为，一定要善待普通员工，把食堂的饭菜做得好吃一点、工资待遇提高一点、工作环境搞得整洁一点，从而避免让他们受到那些居心叵测的渣子的负面影响。因为普通员工往往都是非常感性的，他们非常容易受到坏人的挑唆而产生冲动情绪。要让那些渣子在企业中孤立，并把他们及时清理出去。这样，我们的企业才会正常经营，我们才会有好的产量和好的质量。

总之，我们不仅要学习管理知识，同时也要多学习哲学，这样才会把工作做得越来越好。

他　们

我在这里所说的"他们"，指的是无法完成独立思考的多数人。我们只要研究好这个问题，就会发现我们在管理方面、投资方面、为人处事方面都会有豁然开朗的感觉。

一、孔子

孔子有一句名言："唯小人与女子难养也，近之则不逊，远之则怨。"对于这句话，很多人总是根据字面上的意思而加以误解。根据我的理解，我们平时说的"小人"通常指的是坏人，而孔子说的"小人"指的则是智商一般的多数人，他们习惯于盲从，缺乏独立思考能力，当然，其中肯定也包括那些品德不好的坏人。可见，在那个时候孔子就非常重视研究多数人。而多数人都是感性的，你对他们好一点，他们就会放纵；你对他们严厉一点，他们就会有怨言，就会怨恨你。由此看来，孔子不仅仅是思想家、教育家，其实还是很好的管理大师。

就像成龙说的，多数人是需要管的。因为多数人自身条件有限，缺乏自我驱动能力，若任由他们自己管理自己，他们就会任意放纵，导致无法完成组织的目标。但是，如果你严格管理他们，他们就会怨声载道、怨气冲天，这时也需要我们理解他们、包容他们，不管他们怎么想，我们都要去认真对待他们。

二、巴菲特

炒股的朋友都知道巴菲特，也都知道这位股神的一句名言：别人恐惧的时候要贪婪，别人贪婪的时候要恐惧。这句话其实说的就是"逆向投资"。当然，它也已经被时间、被无数投资者验证过了，确实是非常有道理的，甚至可以说，这已经成了一个投资的常识和客观规律。而巴菲特所说的"别人"，指的就是多数人，就是市场的主体。由此看来，他这句话的话意思就是：多数人都是错的，因为多数人的认知能力都比较差，所以投资股票要想赚到大钱，只要和多数人反着来就可以了。

三、西方人

对比西方思想发展史，我们不得不承认，西方人在抽象思维方面是要优于我们的。同时，西方国家在管理方面也是值得我们学习的，例如，近30年来我们学习西方的管理体系，尤其是质量管理体系，对于我们的企业经营委实受益良多。

仔细想想，制定这些管理体系的目的其实很简单，就是用一套体系把所有人都管理起来。他们知道凭多数人的自觉性是靠不住的，于是就设计了一套管理流程，把不可靠的多数人都统一起来，以达到组织的目标。

对于多数人这个问题的研究，例子太多太多了。我们在生活和工作中如果忽视这个问题，最终可能就会导致失败。对此，我分别就以下三个方面提出自己的一点建议。

第一，企业管理方面。

从事企业管理，本质上就是企业通过少数关键的管理人员来管理多数人。对多数人来说，他们没有自我驱动能力，或者说他们不会自觉地完成任务，这个时候，管理就是必需的。那么对我们来说，要做好企业管理，首先就要有好的管理人员。古人云"千军易得，一将难求"，说的就是在企业管理中，那些具备管理能力的管理者是非常重要的。我们要想把企业经营好，就必须招聘到第一流的管理人才，组建一个强有力的管理团队，然后通过他们去管理多数人。同时，我们还要重视管理体系建设，要依靠流程来管理，出现问题就要追究到具体的人。

管理就是统治，管理就是斗争。因为多数人都是有惰性的、感性的，不知道为什么要努力工作，也不能理解认真工作对他们自身有什么好处。这个时候，管理人员就要发挥作用，把多数人中那些最差的人清理出去，留下真正有价值的人，以保持企业的正常运转。

第二，股票投资方面。

既然多数人都是错的，那么对那些能够理解价值投资的人来说，股市就是他们的提款机。因为多数人的认知能力较低，他们很难在股市上获得财富，都是不容置疑的"韭菜"，在股市上打败他们，是一件非常容易的事情。因此，我们在股市投资时要注意观察，如果参与者众多，我们就有可能在股市上获得巨大收益。但斌说，一个人在股市上的得失，就是股市对于他本人人性优劣的奖惩。既然多数人都在股市投资上伤痕累累，就说明了多数人的人性是经不起考验的。

顺便谈谈价值投资。近十年来，价值投资的说法喧嚣尘上，而对波段操作都是批评声不断。其实，按照我的理解，大家都推崇的价值投资就是一种波段投资，因为任何公司都是有生命周期的，都是有波段的。

第三，为人处事方面。

最近，抖音上有很多视频都在探讨人性，教你如何为人处事。其实，我们在日常生活中就会发现，很多人并不懂得知恩图报，而且很多时候做错了事也不会感到愧疚。对此你会疑惑不解：这是怎么了？其实很简单，社会本来就是这样，只是我们总是被传统观念所影响，被书本上的知识所影响，被周围的人所影响，导致自己形成一种思维定式。

比如有些开饭店的人，他们用肮脏的环境、粗制滥造的饭菜来对待顾客；有些地区的出租车总是肮脏不堪，司机师傅也表情麻木……这是为什么呢？难道他们想不明白，这么做会伤害到自己生意的长期发展？

社会上有不少这样的人，他们不讲诚信，没有契约精神，不会知恩图报，因为在他们的字典里没有这些概念。而我们犯的错误，就是总认为他们和我们一样。所以我的建议是，对待他们不必认真，我们要帮助的是那些认知能力高的少数人。

谈谈阿斗问题

三国时期，刘备通过自己的努力建立了蜀汉政权。刘备去世后，他的儿子刘禅，乳名"阿斗"，就继承了蜀汉皇帝之位。阿斗上台后，做了很多错误的事情，不但拖累了诸葛亮，还拖累了整个国家的百姓。这就像让一个不会开车的人来驾驶车辆，他将把所有人都带到悬崖下。最终，蜀汉彻底失败了。

虽然阿斗的才能非常平庸，但是按照古人所信奉的儒家传统思想，他就是刘备当仁不让的第一继承人。儒家有一套"三纲五常"理论，其中一条是"君为臣纲"，也就是国君是所有人的天，他管理下的所有人都要无条件服从于他。儒家的这套理论是建立在感性基础上的，看起来很有道理，其实经不起实践的检验。皇位有太多太多好处，但是处在这个位置上，不仅仅有生杀予夺的大权，还有管理的责任：既要管理好国家，还要参与国家之间的竞争。而国与国的竞争，常常表现为带兵打仗、生死存亡。《孙子兵法》中说："兵者，国之大事，生死之地，存亡之道，不可不察也。"战争从来都是非常激烈、非常残酷的，但按照儒家传统思想，把一个无能的人推到领导的位置上，然后带着大家去参与竞争，这是一件非常荒谬的事情。

那么，如何才能解决这个问题呢？有些西方思想家就提出了很好的看法。比如，哈耶克提出过一个解决方案——竞争。也就是说，不管是市场竞争还是国家竞争，既然管理的目的是参与竞争，那么这个管理权由谁来承担，也要通过竞争的方式来确定。通过竞争，让那些品德最高的、才能最大的人上来，由他们负责管理，带领大家一起去参与竞争，这样才会出现好的结果。这种思想相较于儒家传统思想就理性得多了：通过竞争来选择由谁负责管理，没有竞争上的其他人就服从管理。只有这样，组织才能在竞争中立于不败之地。

在竞争中，感性是落伍的，理性是先进的。在企业管理中也是如此。公司的管理人员，必须由那些通过竞争并在竞争中脱颖而出的人来担当。当然，企业成功之后的利益分配，也要根据每个员工在竞争中的贡献来确定，通过竞争力的强弱来分配利益，这样的公司才是真正的好公司。

狮　子

央视的纪录频道还是比较受观众欢迎的，这个频道经常播放非洲马赛马拉草原的故事，尤其是狮子的故事。我看多了，也就看出门道来了。

所有关于狮子的故事，都是在证明达尔文的生存竞争学说。在狮子的世界里，一切都要靠竞争。只有那些最优秀的狮子才可以把基因留存下来，而那些被淘汰的狮子，不但不能获得在狮群中的地位，甚至会被赶出去，连生存都成了问题。当然，当那些优秀的狮子衰老时，也会被更年轻、更有力量的狮子打败，从而失去在狮群中的地位。这样的生存方式是具有普遍性的，也是自然界亿万年来经过生存竞争得来的规律，任何一种动物只有按照这个规律才会生存下去，违背自然规律就会遭遇灭绝。

对于一家好的企业，其实也是一样的道理。企业管理权的分配要靠竞争来确定，只有那些最优秀的人才会获得管理权。当然，在企业成功后，利益的分配也不能搞平均主义，而是要依靠参与者的竞争能力和贡献来分配，只有那些在竞争中脱颖而出的人才有权利参与。这也是哈耶克倡导的竞争理念。

竞争机制是一种开放机制。西方国家很早就意识到竞争机制的重要性，这也是其创造了巨大成就的原因。马克思就说过：西方世界在过去100年创造的财富比人类历史上创造出来的所有财富都多。可见，采用竞争机制给西方国家带来了巨大发展。

而中国封建社会倡导的儒家传统文化，很多是不切实际的。儒家思想也就是孔孟之道，它的那套"君君臣臣，父父子子"思想，即使到现在也依然被一些人所认可。放到企业管理上来说，这种思想是按照血缘关系来确定继承管理权，是回避竞争的一种方式。例如前面文章中提到的阿斗，他即使非常平庸，也当之无愧地继承了皇位，掌握了最大的权力，而其他人比如诸葛亮等，即便再有能力，也只能听从他的指挥。这种回避竞争的模式，造成了严重的管理紊乱。因为它本身就存在着结构性矛盾，是完全脱离实际的。

目前，我国有不少企业也存在着这样的问题。比如，有些集体所有制企业往往任人唯亲，而不是任人唯贤，管理效率低下、人浮于事；而很多民营企业也是如此，行使管理权的都是老板的亲戚朋友。他们不是依靠竞争来分配管理权，当然更不会依靠竞争来进行利益分配，这样的管理体制阻碍了企业的发展，也造成了严重的人才浪费。

因此，我在很多时候都感到非常疑惑：那些就连狮子都知道的竞争规则，为什么我们人类还有这么多不知道的呢？

看电影，学管理

我一直鼓励公司员工要多学习，因为通过学习可以提高自己的能力。当然，通过观看一些有价值的电影，也能提高自己的能力，这也是一种很好的学习方式。

在这方面，美国人走在了世界前列，他们认为影视作品是一种推广自己文化的最好的方式，所以，好莱坞也被称为美国的第二外交部。

几十年来，好莱坞电影对我们这个世界的影响是巨大的，这种影响就连美国政府也做不到。在这里，我想给大家推荐其中的一些影片，希望能够帮助大家学习到一些知识，并且学以致用，不断提高管理能力。

1.《阿甘正传》。这部电影是美国文化价值观的经典表现，强调个人拼搏的英雄主义精神。

2.《辛德勒的名单》。这部电影是大导演斯皮尔伯格的作品，我认为是最好的电影之一。在艰难的环境中，辛德勒还是坚持原则，这不容易。

3.《永不屈服》。它讲的是南非黑人领袖曼德拉出狱后，如何带领人民走向民族融合的故事，非常不错。

4.《被解救的姜戈》。这部电影是反映西方价值观的，讲了黑人为自由去斗争的故事。

5.《终极斗士》系列。尤其是第三、第四部拍得非常好，看看博伊卡的斗争精神，对我们在商业领域打拼的人来说，也非常有借鉴意义。

6.《决战中途岛》。这是一部"二战"题材的电影，讲的是美国和日本在太平洋上发生的战争，从中可以看出双方信心与勇气的较量，优劣对比非常明显。

7.《教父》系列。这也非常经典，可以看看坏人都是如何考虑问题的。

8.《大空头》。这部电影讲的是2008年国际金融危机的故事，当多数人忽视常识的时候，少数人看清楚了，取得了巨大成功。

9.《最后的武士》。这部电影是汤姆·克鲁斯主演的，讲述了日本变革时期两种不同理念的冲突，可以看看新思想的威力，它是如何彻底打败了旧道德。

10.《肖申克的救赎》。这部电影太经典了，它教导我们即使在最艰苦的时候也要保持信心，非常励志。

当然，其他国家包括我国都有很多优秀的电影作品，它们或多或少都会对我们的生活和工作有一定的启迪。我想说的是，那些让你看完心情更好，能够通过它提高自己能力的影片，对你来说就是最好的电影。

独家访谈

20 年来的创业历程

访谈人：荷戟文化编辑部（以下简称荷戟文化）
受访人：张一博
时　间：2021 年 9 月 1 日
地　点：浙江·杭州

第一部分：20 年创业回顾

荷戟文化：您好，谢谢您接受我们的这次访谈。我们很好奇，您当年从南京理工大学毕业后，本来依靠很好的教育背景和专业能力可以继续留在一线城市工作，成为光鲜亮丽的高端精英，但为什么选择回归家乡，从一线工程师和工厂基层做起，从而开启与众不同的人生轨迹？

张一博：其实，这也是迫不得已的选择，或者说是生活所迫。因为家庭经济条件不好，留在大城市会有些困难，家里也没法给我足够的钱在大城市买房，也就无法立足大城市，所以只能回到老家山东胶州。那时候还有分配的机会，但我也没选择。我读的大学，毕业分配是要到军工企业，在20世纪90年代，军工企业基本都开始走下坡路了，而且很多军工企业都在大山里，非常偏僻，这也是我没有服从学校分配的原因。有幸的是，那个时候，乡镇企业开始发展起来了，我就跑到当地的一个村办企业从事技术工作。

荷戟文化：您选择到家乡的乡镇企业做工程师，这也是一个不错的工作，但为什么又开始创业，开始自己办厂？其中有什么故事吗？

张一博：那是在很偶然的机会下，我得到了一个商机，就是市场上开始需要大量的铆钉。这种铆钉其实是一种防水铆钉，当时还只能从美国进口，并且价格非常昂贵。我和合伙人感到这是一个很好的机会，因为我们都是从事技术工作的，于是我们两个人就凑了十几万元，开始创业了。

荷戟文化：自主开发这种原本都要靠进口的铆钉，过程是不是非常艰难？

张一博：当然，要开发这种防水铆钉是非常艰难的，从选购设备、原材料，到解决热处理工艺，到处都是技术难题。所幸的是，经过我们两年的努力，终于开发成功，并且各项指标都优于进口产品。最终，我们以不到进口产品三成的价格，替代了原先的进口产品，打破了美国企业在这个领域的技术垄断，也给咱们国内的企业大幅降低了成本。这也是我长期以来引以为傲的事情。

荷戟文化：是的，这件事很了不起。您现在回想起来，还有什么新感悟吗？

张一博：现在回想这段经历，我认为只要我们努力，是可以赶超国外企业的，不要被他们的表面现象迷惑住，只要我们在技术上不放弃努力，就没有过不去的坎儿。

荷戟文化：我相信，很多读者都会对一位企业家的"第一桶金"很有兴趣，您的"第一桶金"就是来自这次的铆钉开发吗？

张一博：是的，经过两年的研发，我们开发成功这款质优价廉的产品，彻底替代了美国产品，公司也就获得了发展，我们的创业成功了。

荷戟文化：在您 20 多年来的创业经历里，印象最深刻的教训是什么？

张一博：印象最深刻的教训，就是在创业最艰难的时候还是要有充足的资金。当年我们在研发过程中，由于资金困难，好几次就濒临破产，难以坚持下来。

第二部分：企业管理的痛点和难点

荷戟文化：我们也认识很多企业家，但是能常年坚持写作的很少见。包括您在文章中谈到很多人事问题，比较多见做人品德、亲戚人情等"传统人情世故"的问题，这些问题似乎和西方管理学的差距较大。在中国的企业和社会环境中，实践西方管理学和经济思想，会不会有较大差距或者问题？

张一博：我认为，在中国从事企业管理，借用高瓴资本张磊的话，就是"守正出奇"。也就是说，我们在企业管理方面，首先要学习现代管理思想，特别是德鲁克的管理思想。其次，我们也要重视中国的社会环境和现实问题，不要脱离实际。我们从事企业管理，也要结合中国国情。

荷戟文化：那么，在企业管理中，公司战略、人才资源、组织制度设计，您最看重哪个？为什么？

张一博：在企业管理中我最看重的，还是公司战略。因为战略是公司的发展方向和前途目标，只要方向明确了，再去组织人实施就可以了。

荷戟文化：我们在参访您的公司时，在文化墙上就印着经济学家许小年先生关于自由的话，非常有意思，您想营造什么样的企业文化？

张一博：许小年先生的这句话是"自由，是目的，更是手段"，出自他给弗里德曼《自由选择》这本书写的序言里。我认为，这句话的含义非常深刻，深刻地诠释了市场经济，也是我们从事企业管理必须要深刻理解的宗旨。

荷戟文化：您是传统制造业起家，也长期投资股票，近几年又进入互联网创业，未来的规划是什么？

张一博：我认为，我们当前必须深耕制造业，这是我们的经济基础。当然，我们也不能满足于现状，更应该不断地进行产业升级，发展更有技术含量的制造业，重视科技的作用，积极参与到全世界的产业竞争中去。在这方面我们不能妄自菲薄,我相信,只要我们重视数理化学习,重视现代企业管理思想,我们就有信心和西方发达国家竞争。

至于我们公司的规划,还是在这个产业升级的大背景下,参与到中国和世界高端制造业的竞争里。我们希望能够全球化发展,让质优价廉的产品去国外和西方企业竞争,和国际知名企业比技术、比管理。在这方面,我们要学习中集集团,积极走出去,并且在国外市场取得成功。

第三部分:商业思想的来龙去脉

荷戟文化:您最佩服的中国企业家、西方企业家分别是谁?

张一博:我最佩服的中国企业家有几位,首先是任正非先生,他在已经取得巨大成功的时候还能够非常清醒,花了10年时间在企业内推行现代管理模式,这让我非常敬佩。还有就是张瑞敏先生,我看过他的演讲视频,他也很推崇德鲁克的管理学,非常值得学习。我们就是要用先进的管理,把我们的企业管理好。

荷戟文化:您常提及奥地利学派的一些学者,您是如何接触到他们的思想的?在接触他们的思想之后,您对人性和企业管理的看法又发生了什么样的变化?

张一博:我最喜欢读的是哈耶克的《通往奴役之路》,这本书不仅仅是一本政治哲学方面的书,同时也很有益于管理者。反复读这本书,可以深刻地理解市场经济,也就可以深刻地理解现代管理思想。我在本书的不少文章内都有谈到。

荷戟文化：那么，除了企业家和经济学家，您最欣赏的作家是谁？

张一博：我最欣赏的作家是鲁迅先生，主要原因有三点：首先是他深邃的思想，他的作品值得我们反复阅读，只有这样，我们才能真正理解中国社会；其次就是他在作品中对弱者的同情和支持，很让我敬佩，比如《祝福》对封建礼教迫害妇女的批判；最后就是鲁迅先生的文笔非常好，他对文字的驾驭能力真是出神入化，在近现代作家中独树一帜。

荷戟文化：最后，您是否可以给管理者推荐一些文艺类的作品，来帮助管理者更好地理解人性，理解中国社会和文化。

张一博：在这方面，我会推荐阎真的《沧浪之水》、二月河的《雍正皇帝》、钱钟书的《围城》，以及陈忠实的《白鹿原》。